santé la Gaspésie

Les oméga-3 d'origine marine et leurs bienfaits sur la santé
Plus de 60 recettes savoureuses composées de poisson et de fruits de mer

Produit par
Maryse Lepage, pharmacienne

Vulgarisation scientifique
Michel Lucas

Commentaires santé
Hélène Baribeau

Révision des recettes
Hélène Baribeau
Dany Gasse
Yannick Ouellet

Révision linguistique
Révicom, Roméo Côté
Versacom

Photographies
Jacques Morin

Styliste culinaire
Dany Gasse

Chefs cuisiniers
Steve Lévesque
Yannick Ouellet
Yvano Tremblay

Conception et réalisation
Audace Design

Numérisation
J. B. Deschamps inc.

Imprimeur
J. B. Deschamps inc.

© Malisan inc. - 2003
2e édition

ISBN : 2-9807733-1-X

Dépôt légal – Bibliothèque nationale du Québec, 2003
Dépôt légal – Bibliothèque nationale du Canada, 2003

Préface du Dr Éric Dewailly

Il y a une quinzaine d'années, un de mes confrères, alors médecin à Povirnituq sur la Baie d'Hudson, me parlait avec passion de son travail au sein du peuple inuit. Ma première surprise fut de constater la quasi-absence d'infarctus du myocarde ou d'autres maladies reliées à l'athérosclérose dans cette population. L'électrocardiographe de la salle d'urgence était très peu utilisé et il n'y avait pas de médicaments contre l'angine de poitrine à la pharmacie du centre médical. Dans les années 70 au Grœnland, Dyerberg et Bang observaient déjà ce phénomène. À vrai dire, on reste toujours un peu sceptique devant un tel constat : la maladie cardiaque, cause première de décès dans nos sociétés occidentales est presque inexistante chez les Inuits! Alors, le premier réflexe de tout scientifique inondé de découvertes en génétique est d'en attribuer la cause à nos gènes. Heureusement, le suivi médical des Inuits du Grœnland ayant émigré au Danemark a clairement démontré que ceux-ci n'étaient absolument pas protégés par leur hérédité et que les maladies cardiaques et leurs facteurs de risque qui se développaient chez ces migrants étaient dus aux changements dans leurs habitudes de vie.

Quel est donc le vaccin qui protège les Inuits de ces différents problèmes de santé? C'est probablement dans leur alimentation que se trouve la clé de ce mystère. L'alimentation des Inuits dépend depuis des siècles de la mer. Bien que cette alimentation traditionnelle soit en recul aujourd'hui, les Inuits consomment toujours de grandes quantités de poisson et de mammifères marins et, par conséquent, d'oméga-3, d'antioxydants (surtout le sélénium) et d'acide oléique (les huiles de baleine à fanons et de flétan ont une composition similaire à celle de l'huile d'olive).

Qui connaît les oméga-3? Les scientifiques certainement, car plus de 1 000 articles scientifiques sont publiés chaque année sur le sujet. Les médecins, sûrement pas, car ces sujets n'ont pas de place dans le cursus chargé de leurs études. J'ajoute que l'industrie pharmaceutique qui les abreuve d'information régulièrement n'en fait aucune mention; il n'y a pas de brevet sur ce que la nature nous offre et donc pas d'argent à faire. Finalement, la population en est partiellement informée par des chroniques de nutrition dans les médias ou lors de la publication de nouvelles études sur le sujet.

À la lecture de cet ouvrage remarquable, «Santé la Gaspésie», qui rassemble de façon simple les plus récentes données scientifiques sur le sujet, le lecteur pourra penser que ces fameux oméga-3 sont un peu comme le sirop qui guérit tout. Un médicament est conçu pour s'attaquer à une cible bien précise. Dans le cas des oméga-3, il n'est plus question de thérapeutique, mais bien de restauration physiologique. Dès lors que ces acides gras vont s'incorporer aux structures des membranes de toutes nos cellules, il est normal que les effets soient globaux.

L'importance des oméga-3 pour notre santé est un secret trop bien gardé. L'ouvrage de Michel Lucas nous y donne l'accès.

Dr Éric Dewailly, M.D., Ph. D.
Directeur, Unité de recherche en santé publique du Centre de recherche du CHUL (CHUQ)
Professeur, Faculté de médecine, Université Laval

Photos : Phare de La Martre, Mont-Saint-Pierre (Michel Julien, ATR Gaspésie)

Nous avançons à grands pas vers un avenir toujours plus performant et plus exigeant. L'alimentation n'y échappe pas, notamment avec l'arrivée de nouveaux produits transgéniques ou obtenus par croisement. Néanmoins, nous n'avons peut-être pas fait le tour de la question en ce qui a trait aux aliments sains couramment disponibles dans notre environnement ? Il y a un grand nombre d'espèces de poissons encore inexploitées dans le fleuve Saint-Laurent, alors que nous sommes prêts à marcher des kilomètres à genoux pour un morceau de thon rouge pêché à des lieues d'ici.

Vous aurez la chance de découvrir, dans cet ouvrage, plusieurs recettes faciles à réaliser, enrichies de commentaires pour vous aider à mieux vous alimenter tout en dégustant de bons plats. En outre, vous éprouverez autant que moi, beaucoup de plaisir à découvrir de nouvelles variétés de poissons que l'on trouve maintenant dans nos poissonneries de quartier. D'autres encore qui y prendront place grâce à votre curiosité et à la bonne relation que vous entretenez avec votre poissonnier.

Les amateurs de produits plus raffinés apprécieront sûrement, comme moi, le travail remarquable qui a été effectué sur les plans de la photographie et du stylisme alimentaire de « Santé la Gaspésie ». Tous ces talents puisés à même notre belle Gaspésie se font un plaisir de vous faire découvrir de nouvelles présentations culinaires faciles à réaliser.

Enfin, le magnifique travail qui a été réalisé par Michel Lucas pour vous permettre de comprendre mieux le monde des oméga-3 saura, j'en suis sûr, vous captiver autant que je l'ai été. Les nombreuses heures de travail qu'implique un document de cette qualité et de cette envergure me portent à croire que le Québec prend une nouvelle orientation dans son intérêt face à l'alimentation, au développement de ses produits et à l'expertise qui se développe dans ces créneaux. Chaque Québécoise et chaque Québécois se doivent, pour l'avenir et la pérennité de notre identité culinaire régionale, de découvrir les nouvelles vedettes de la marée.

Des étoiles de la mer qui ne vous laisseront pas indifférents, comme le font si bien les Gaspésiens !

Yannick Ouellet
Chef consultant, Explorama

L'équipe (de gauche à droite) : Yvano Tremblay, Maryse Lepage, Dany Gasse et Yannick Ouellet, (absent) Steve Lévesque

« *Nos rêves nous grandissent;*
car nous n'irons jamais plus loin dans la vie
que ce que nous avons rêvé, ce sont le sel
de la vie, l'eau et la lumière. »

Jean-Louis Gauthier

Introduction de Maryse Lepage

Née dans ce merveilleux coin du monde qu'est la Haute-Gaspésie il y a quelques marées, j'ai grandi entourée du fleuve Saint-Laurent et de la petite rivière Sainte-Anne, bordée par les montagnes ainsi que les couchers de soleil majestueux, humant cet air salin qui s'est imprégné tel un fossile dans ma mémoire.

L'odorat m'aura certes beaucoup influencée, car aujourd'hui je vous présente un livre intitulé « Santé la Gaspésie » qui s'entend « Sentez la Gaspésie ». Et oui, à 12 ans j'ai découvert ma profession dans une pharmacie, car je trouvais que ça sentait bon. La curiosité d'en connaître davantage sur les médicaments m'a conduite sur les bancs d'école et, un jour, j'ai débuté la pratique « en ville » avec l'intention d'exploiter éventuellement mon potentiel dans ma région. Année après année, j'ai travaillé avec mon équipe au mieux-être des gens, de façon à mettre cette passion au service des autres.

Avec l'évolution de la recherche pharmaceutique, il est impératif d'être bien renseigné. Un jour de mai 2001 se tient un séminaire pharmacologique à Québec où se retrouvent environ 110 pharmaciens membres de la bannière Familiprix. Michel Lucas, nutritionniste de formation et professionnel de recherche, y donne une conférence sur les oméga-3. La pertinence de ses propos me captive et je rêve de mettre à la disposition du public un livre qui pourrait nous aider à transmettre ces renseignements si prometteurs. Le tout, dans le but de faire comprendre la nécessité d'un changement dans nos habitudes alimentaires, souvent mauvaises, puisqu'il y a de plus en plus de maladies telles que le diabète, les problèmes cardiaques et l'obésité qui affectent la population.

Lors de cette journée, Hélène Baribeau, diététiste-nutritionniste, nous éclaira pour sa part, sur les antioxydants. Ce qui veut dire qu'en plus du poisson, d'autres aliments ont un pouvoir bénéfique sur la santé. Il va de soi que, malgré la plus grande performance des médicaments d'aujourd'hui, le rôle de l'alimentation revêt une importance capitale. Tous les jours, des gens consultent le pharmacien pour divers problèmes de santé. Maintes fois, le style de vie et le choix des aliments consommés en sont la cause.

Photos : Michel Julien, ATR Gaspésie

De plus, le congrès de la Société internationale pour l'étude des acides gras et lipides (ISSFAL), tenu en mai 2002 à Montréal, m'a confirmé la pertinence du sujet. Plusieurs chercheurs de divers pays sont venus donner les résultats de leurs recherches. Le grand sage pourrait affirmer : « Dis-moi ce que tu manges et je te dirai ce que tu es ou ce que tu deviendras » et ce grand sage, c'est le diététiste-nutritionniste. Il a un rôle important à jouer dans le réseau de la santé. Si en tant que parents, notre tâche consiste à former nos jeunes à connaître une saine façon de se nourrir, nous pourrions vraiment les aider. Plusieurs doivent se souvenir des vendredis où nous avions au menu du poisson. Que tout cela a changé !

La meilleure « prescription santé » consistera dans le futur en une heureuse combinaison de ce que nous mangeons et du traitement pharmaceutique, le cas échéant, car ensemble s'installera beaucoup plus de synergie. Tout cela afin de se dire que surtout, oui surtout, nous pourrons **être mieux, vivre plus vieux et en meilleure santé**.

Je peux vous avouer qu'il y a aussi le défi d'une Gaspésienne dans ce beau projet. Entourée d'une équipe extraordinaire, la section des recettes s'est déroulée au sous-sol de ma clinique médicale et le montage du livre a été effectué par une équipe audacieuse de Sainte-Anne-des-Monts. Une belle famille s'est constituée et nous sommes très fiers du résultat. Mission accomplie ! La deuxième partie vous incite à mettre en pratique ce que vous aurez appris. Pour vous faire plaisir, vous y trouverez des recettes faciles, savoureuses et en plus nutritives. Pourquoi ne pas prendre comme résolution d'en concocter une nouvelle à chaque semaine ? Alors, bonne dégustation, car chacune est un plaisir pour les yeux et les papilles ! Dites : « Santé la Gaspésie ». Merci à toutes les personnes qui ont donné leur(s) recette(s), soit par le concours tenu en juin 2001, de même qu'à celles à qui j'en ai fait la demande et qui ont accepté de nous faire connaître leurs secrets et leurs passions.

En terminant, je souhaite que chaque Gaspésien, de souche ou d'adoption, mette le grain de sable qu'il a dans le cœur et dans le creux de la main afin d'aider la Gaspésie. Grâce à eux, aucune tempête venue du large ne saura ébranler notre merveilleux et incomparable coin de pays.

Maryse Lepage

Maryse Lepage, pharmacienne

Photos : Michel Julien ATR Gaspésie

Hélène Baribeau, diététiste-nutritionniste

Quand Maryse Lepage m'a invitée à participer à la réalisation de ce livre, j'ai tout de suite été emballée par son intérêt marqué pour les effets bénéfiques des oméga-3 sur la santé, au point que je n'ai pu faire autrement que d'accepter son offre. En collaboration avec mon ami et collègue Michel Lucas, je me suis concentrée sur l'aspect « nutrition » du livre : la révision des recettes et leur classification, le calcul des oméga-3 marins, la rédaction de commentaires santé et du texte sur les antioxydants.

La première lecture des recettes m'a quelque peu bousculée. Bon nombre d'entre elles avaient pour base de la crème 35 % et du beurre, des aliments riches en gras saturés, de quoi faire friser les cheveux d'une nutritionniste ! Alors je me suis appliquée à trouver « le compromis ». J'ai proposé une réduction de la quantité de crème dans les recettes qui en contenaient et j'ai préconisé le choix de la crème 15 % au lieu de la 35 %. Cela équivaut à opter pour le fromage léger plutôt que le fromage traditionnel à 31 %. Dans certaines recettes, la crème a été complètement remplacée par de la crème sure légère ou du yogourt. Pour ce qui est du beurre, il cède la moitié de sa place à l'huile d'olive afin de permettre aux invétérés du beurre d'effectuer une transition graduelle vers l'huile.

Il faut bien le dire, la présence de crème et de beurre en petite quantité n'est pas dramatique, surtout quand il s'agit de recettes à base de fruits de mer et de poissons puisque ces derniers sont faibles en gras saturés comparativement aux coupes grasses de porc et de bœuf. Et comme je le répète souvent en consultation privée, en matière de nutrition, tout est une question de quantité et de fréquence de consommation.

Enfin, les recettes ont été codifiées selon leur teneur en matières grasses saturées afin de permettre aux gens de faire des choix éclairés. Mes priorités en matière d'alimentation sont depuis toujours la qualité des ingrédients, la valeur nutritive, la variété et le goût. Je décrirais ce livre comme un extraordinaire amalgame de sciences nutritionnelles, d'équilibre, de plaisirs et de découvertes. Un amalgame aussi de trois fameuses cuisines : française, méditerranéenne et surtout gaspésienne !

Merci, Maryse, pour ta confiance !

Hélène Baribeau

Hélène Baribeau, Dt. P., M. Sc.

Les poissons et la santé : les oméga-3 d'origine marine

Avant-propos

Depuis ma tendre et joyeuse enfance jusqu'à mon adolescence, j'ai eu la chance de grandir à proximité de la mer. En fait, je suis né et j'ai passé les 16 premières années de ma vie à Chandler, en Gaspésie. Une bonne partie de ma famille y demeure encore. Je me rappelle les fins de semaine passées au chalet de mes grands-parents lorsque mon père et ma mère participaient aux tournois de golf de la région. Ce chalet était situé à une vingtaine de mètres de la mer dans une charmante petite baie située non loin de l'usine des pêches de Newport. Pendant de nombreuses siestes et nuits, j'ai eu la chance de me faire bercer par le doux et tendre refrain du va-et-vient des vagues. J'ai également pu jouer sur les rives avec les petits crabes, les homards et les bigorneaux.

Je me souviens aussi les sorties en mer aux petites heures du matin, les pêches fructueuses à la morue avec mes grands-parents, du temps où il y en avait encore ! J'ai été malade, vraiment malade ! Il faut que je vous avoue que les Gaspésiens n'ont pas tous le pied marin. La pêche aux maquereaux le long de cette plage est d'ailleurs un autre souvenir profondément gravé dans ma mémoire. Que dire aussi des soirées passées à ramasser les capelans qui venaient se reproduire le long des berges ? Des milliers et des milliers de petits poissons entassés dans deux pieds d'eau, un spectacle complètement féerique et probablement aphrodisiaque pour les adultes, ou du moins très suggestif ! Bref, la mer et ses richesses ont laissé en moi des marques indélébiles. Ces souvenirs sont inscrits au plus profond de mon être et je me plais à me les remémorer à l'occasion. Comme disent si bien les Gaspésiens : « On peut sortir un Gaspésien de la Gaspésie, mais pas la Gaspésie d'un Gaspésien ».

Je dédie ces quelques pages et mes efforts de recherche des dernières années à ma conjointe, Véronique, à mes parents, Linda et Raymond, à mon frère Martin, sa femme Chantal, à ma nièce Naomie ainsi qu'à ma filleule et petite princesse Juliette, à mes grands-parents, ma famille et ma belle-famille, à mes amis et collègues de travail, aux Gaspésiens, aux aventuriers, amoureux de la vie et chercheurs de paix, à tous les êtres. Puissent les humains respecter la nature et vivre en harmonie avec tous les êtres qui y vivent !

Merci Maryse pour ta confiance, ta générosité, ton enthousiasme et ta détermination !

Michel Lucas, M. Sc.
Professionnel de recherche
Unité de recherche en santé publique du Centre de recherche du CHUL (CHUQ)

Abréviations

AA : acide arachidonique (20:4n-6)
AGE : acides gras essentiels
AGS : acide gras saturés
AL : acide linoléique (18:2n-6)
ALA : acide alpha-linolénique (18:3n-3)
ANR : apports nutritionnels recommandés
DGLA : acide dihommo-gamma-linoléique (20:3n-6)
DHA : acide docosahexanoïque (22:6n-3)
DPA : acide docosapentanoïque (22:5n-3)
EPA : acide eicosapentanoïque (20:5n-3)
ETA : acide eicosatétranoïque (20:4n-3)
FAO : Organisation des Nations Unies pour l'alimentation et l'agriculture (Food and Agriculture Organization of the United Nations)
HDL : lipoprotéine de haute densité (High-Density Lipoprotein)
HUFA : acides gras hautement insaturés (Highly Unsaturated Fatty Acids)
ISSFAL : Société internationale pour l'étude des acides gras et lipides (International Society for the Study of Fatty Acids and Lipids)
MCV : maladies cardiovasculaires
M.G. : matières grasses
NIAAA : Institut national sur l'abus d'alcool et l'alcoolisme (National Institute of Alcohol Abuse and Alcoholism)
NIH : Instituts nationaux de la santé (National Institutes of Health)
LDL : lipoprotéines de faible densité (Low-Density Lipoprotein)
OMS : Organisation mondiale de la santé (World Health Organization)
TDAH : troubles déficitaires de l'attention/hyperactivité
VLDL : lipoprotéine de très faible densité (Very Low-Density Lipoprotein)
5HIAA : acide 5 hydroxy-indol-acétique

Première partie : des humains et des poissons

« L'esprit, c'est comme un parachute. Pour qu'il fonctionne, il faut qu'il soit ouvert. » Albert Einstein

1.1 Les répercussions du poisson pour l'espèce humaine

Pendant les premiers milliards d'années de la planète Terre, les algues bleues-vertes ont dominé les premiers océans[1,2]. Grâce à la photosynthèse, ces algues ont été en mesure de produire des molécules complexes comme les protéines, les glucides et les lipides riches en acides gras oméga-3. Cette prédominance des oméga-3 dans les océans aurait alors été étroitement associée aux besoins en acides gras oméga-3 des poissons et des reptiles pour leur reproduction. Depuis de nombreux siècles, les océans ont procuré aux humains une voie passionnante de découvertes vers de nouveaux horizons, laissant ainsi place à de multiples aventures et explorations. Il n'est pas étonnant de constater, une fois de plus, que ces vastes étendues d'eau nous conduisent vers une nouvelle aire d'exploration prometteuse pour la santé, par le biais des acides gras oméga-3 d'origine marine.

Dans l'évolution de l'espèce humaine, les poissons auraient eu une influence déterminante. Malgré que le genre *Australopithecus* ait vécu pendant plus de trois millions d'années, aucun *Australopithèque* n'a montré une capacité crânienne supé-

11

rieure à 500 centimètres cube (cm^3)[2]. Cependant, au cours d'une période d'environ un million d'années, la capacité crânienne du genre *Homo* a presque doublé de l'*Homo erectus* (820 à 844 cm^3) à l'*Homo sapiens* (1250 cm^3). Selon le Dr Michael Crawford, l'*Homo sapiens* aurait évolué dans les régions du littoral de l'Afrique de l'Est tandis que l'*Australopithèque* aurait plutôt vécu dans les régions forestières. Ce chercheur londonien n'adhère pas à la théorie qui décrit la progression lente et linéaire du cerveau de l'humain jusqu'à l'intelligence moderne. Le Dr Crawford affirme que le cerveau de l'humain aurait plutôt subi une soudaine croissance exponentielle de sa dimension. Ainsi, Crawford et ses collaborateurs n'acceptent pas le postulat voulant que l'*Homo sapiens* ait d'abord développé un cerveau large et complexe grâce à la position verticale et qu'il ait pu la maintenir par la suite, grâce aux produits de la chasse. Crawford ajoute que l'utilisation de radeaux par l'*Homo sapiens* et son succès de colonisation du sud-est de l'Asie seraient intimement associés à la consommation de ressources alimentaires d'origine marine. Ces associations ne seraient ni accidentelles ni une coïncidence selon le Dr Crawford, mais plutôt le résultat d'une influence fondamentale des nutriments spécifiques sur le fonctionnement du cerveau.

Dans l'histoire de l'humanité, le poisson fut souvent perçu comme un symbole de fécondité et de régénération. D'ailleurs, le signe double du poisson (principe mâle + principe femelle, donc procréation) est le premier signe de la triade du printemps dans le zodiaque[3]. Les indigènes autochtones d'Amérique centrale associaient sa forme au dieu maïs, sans doute parce que la forme allongée de certains poissons rappelait celle de l'épi. Le poisson est aussi un symbole phallique chez les Dogons, peuple d'Afrique occidentale, où circoncision se dit « couper le poisson ». D'autre part, l'Inde ancienne voyait dans le poisson l'instrument de la révélation qui permettait de renaître à soi-même pour une autre vie. Les chrétiens, quant à eux, l'utilisaient comme signe de reconnaissance. D'ailleurs, les lettres du mot grec pour poisson, *iktus*, forment l'acronyme de *Iesus Kristus Theou Uios Soter*, Jésus l'Oint, Fils de Dieu, Sauveur. Lorsque le Christ est apparu aux apôtres après sa résurrection, on lui a entre autres offert du miel et du poisson grillé. Bon nombre de gens se souviennent encore de la bonne et vieille coutume alimentaire chrétienne, « vendredi, jour du poisson ».

À l'échelle mondiale, environ un milliard de personnes sont tributaires du poisson comme principale source de protéines[4]. Cette dépendance est généralement plus marquée dans les régions côtières que dans les régions continentales. Au cours de l'année 1998, l'emploi dans les secteurs primaires des pêches de capture et de l'aquaculture a été estimé par l'Organisation des Nations Unies pour l'alimentation et l'agriculture (FAO) à environ 36 millions de travailleurs. Cependant, le taux de croissance de l'emploi dans les secteurs primaires de la pêche s'est figé alors que le secteur de l'aquaculture continentale et maritime emploie un nombre croissant de personnes (effectif estimé à environ 25 % du total).

L'apport du poisson à l'espèce humaine est incontestable : il englobe un passé historique et culturel richissime, une source d'activité économique majeure et une subsistance importante en protéines pour plusieurs peuples dépourvus financièrement. Le futur semble très prometteur en ce qui concerne les qualités alimentaires du poisson pour la santé humaine. En effet, les recherches biomédicales tendent de plus en plus à démontrer l'importance de certains nutriments que le poisson contiendrait, dont les acides gras oméga-3.

1.2 Les lipides dans l'alimentation

Avant d'aborder l'influence des oméga-3 sur la santé, il est important de bien comprendre la situation actuelle concernant les lipides. La thématique des lipides soulève une difficulté majeure, celle d'une variété importante de types de lipides. Le terme lipide, du grec «lipos» qui signifie graisse, est un terme scientifique qui inclut les graisses (gras solides à la température ambiante), les huiles (gras liquides à la température ambiante), les phospholipides, certaines hormones et le cholestérol[5]. Il existe de nombreux types de lipides dans notre alimentation : les huiles, le beurre, la margarine, le gras visible de la viande, les gras utilisés pour la friture des aliments tels que les frites, les gras invisibles dans les aliments cuisinés, les crèmes glacées, les condiments comme les mayonnaises et les vinaigrettes, etc. Certains ont des effets bénéfiques sur la santé alors que d'autres sont néfastes. Certains sont naturels alors que d'autres sont fabriqués chimiquement. La variété considérable des types de lipides et leurs nombreux impacts sur la santé soulèvent une problématique complexe et laborieuse. Nombre d'avis ont été transmis ces dernières années sur les lipides et la santé, certains allant jusqu'à promouvoir l'idée que les lipides lui sont néfastes. Toutefois, cette idée n'a pas contribué à améliorer les perceptions sur le rôle des lipides dans l'alimentation puisqu'elles sont en grande partie erronées. En effet, une diminution des lipides n'améliore pas nécessairement la santé. Conséquemment, nos sociétés contemporaines craignent les matières grasses et oublient souvent que certains lipides sont essentiels à plusieurs fonctions physiologiques.

Les graisses ou les lipides sont indispensables à la vie comme le sont les autres éléments nutritifs des aliments que l'on ingère chaque jour et que l'on appelle nutriments. Il existe six classes de nutriments : les glucides, les protéines, les lipides, les vitamines, les minéraux et l'eau. Les lipides comptent parmi les composants les plus importants de notre organisme. Source d'énergie considérable, ils exercent des fonctions fondamentales en tant que précurseurs de certaines hormones et constituent les membranes cellulaires de nos tissus ainsi que les molécules qui assurent le transport des gras dans le sang (les lipoprotéines). Toutes les cellules de notre corps sont formées d'une double couche de gras. Voilà une raison de plus pour porter une attention particulière aux gras consommés quotidiennement qui, par conséquent, constitueront nos cellules. La double couche de gras que contiennent nos cellules leur confère une caractéristique particulière et est responsable d'un grand nombre d'activités physiologiques essentielles comme la transmission nerveuse, qui est la base du fonctionnement neuronal et des interactions avec les autres cellules. Les graisses sont également nécessaires dans le transport et l'absorption de certaines vitamines dites liposolubles (A, D, E, K). Elles jouent aussi un rôle considérable lors du repas puisqu'elles augmentent la palatabilité, une sensation qui regroupe, en fait, un ensemble complexe de données mettant en relation la sensibilité gustative, l'olfaction, la perception thermique, l'appréciation de la texture des aliments, la reconnaissance de la forme et de la consistance.

Les lipides peuvent être d'origine animale ou végétale. Ils sont constitués principalement de triglycérides et, dans une moindre mesure, de phospholipides, de glycolipides, de stérols et d'autres substances. Qu'est-ce qu'un triglycéride ? Il s'agit d'un terme scientifique qui définit la combinaison d'une molécule de glycérol et de trois (tri) acides gras. Ce sont ces fameux acides gras dont il est question lorsqu'on lit «saturés», «insaturés» et «polyinsaturés» sur les étiquettes de contenants.

1.3 Les rôles des acides gras oméga-6 et oméga-3

Certains acides gras sont si nécessaires pour l'organisme humain, que nous devons en consommer de façon régulière afin d'éviter des carences. Ces acides gras sont définis comme étant des acides gras essentiels (AGE). Seuls deux acides gras ont l'honneur de porter ce titre, soit l'acide linoléique (AL, 18:2n-6) et l'acide alpha-linolénique (ALA, 18:3n-3). Précurseurs de plusieurs substances, ces AGE sont fondamentaux pour notre organisme. Ils constituent les membranes de nos diverses cellules et maintiennent leur intégrité[5]. Ils sont nécessaires au bon fonctionnement du cerveau, de la rétine, du système hormonal, du système immunitaire, ainsi qu'à l'équilibre cardiovasculaire.

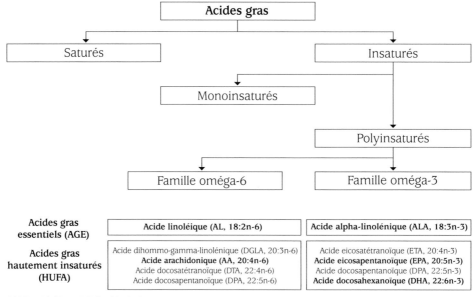

© 2002. Michel Lucas & Richard DesRochers

Figure 1. Classification des acides gras

Les AGE appartiennent à deux types distincts d'acides gras polyinsaturés : les oméga-6 (n-6) et oméga-3 (n-3) (Figure 1), qui représentent deux chaînes parallèles et non communicantes d'acides gras métabolisées par notre organisme[212]. Leurs rôles sont très distincts selon la famille à laquelle ils appartiennent. Les AGE, l'acide linoléique (AL, 18:2n-6) et l'acide alpha-linolénique (ALA, 18:3n-3) constituent ainsi la base des familles oméga-6 et oméga-3 (Figure 2). Ils permettent la synthèse d'acides gras hautement insaturés par l'organisme que l'on nomme les HUFA, du terme anglais « Highly Unsaturated Fatty Acids »[213]. Les HUFA peuvent également provenir de l'alimentation. Par exemple, la viande et les abats contiennent une quantité variable de HUFA de la famille oméga-6, principalement l'acide arachidonique (AA, 20:4n-6). Le poisson, quant à lui, renferme des HUFA de la famille oméga-3, notamment l'acide eicosapentanoïque (EPA, 20:5n-3) et l'acide docosahexanoïque (DHA, 22:6n-3). En d'autres termes, les produits marins contiennent la forme élongée et désaturée des oméga-3, c'est-à-dire les acides gras hautement insaturés (HUFA) de la famille oméga-3 que l'organisme n'a pas eu à transformer.

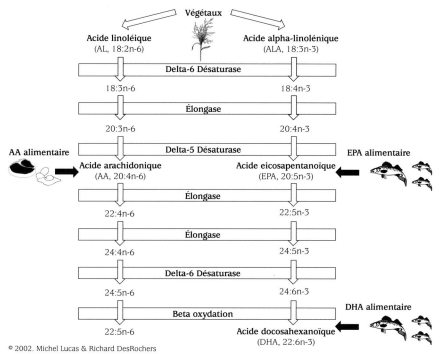

Végétaux

Acide linoléique
(AL, 18:2n-6)

Acide alpha-linolénique
(ALA, 18:3n-3)

Delta-6 Désaturase

18:3n-6   18:4n-3

Élongase

20:3n-6   20:4n-3

AA alimentaire

Delta-5 Désaturase

EPA alimentaire

Acide arachidonique
(AA, 20:4n-6)

Acide eicosapentanoïque
(EPA, 20:5n-3)

Élongase

22:4n-6   22:5n-3

Élongase

24:4n-6   24:5n-3

Delta-6 Désaturase

24:5n-6   24:6n-3

Beta oxydation

DHA alimentaire

22:5n-6

Acide docosahexanoïque
(DHA, 22:6n-3)

© 2002. Michel Lucas & Richard DesRochers

Figure 2. Sources et métabolisme des acides gras oméga-6 et oméga-3

Les HUFA sont les grands précurseurs d'une série de messagers chimiques que l'on nomme les eicosanoïdes. Ces substances agissent dans notre organisme à la manière d'hormones[5]. Les eicosanoïdes sont généralement synthétisés afin de répondre aux signaux intermittents des cellules. La fréquence de ces signaux peut être indépendante des facteurs nutritionnels. Toutefois, l'intensité de la réponse, une fois amorcée, sera limitée par la proportion des précurseurs (oméga-6 et oméga-3) et des inhibiteurs présents dans les tissus[213]. Les eicosanoïdes provenant des oméga-6 et oméga-3 ont des impacts variés et souvent opposés (Figure 3). En effet, ceux découlant des oméga-6 peuvent entraîner la constriction des vaisseaux sanguins (vasoconstrictrices), l'agrégation des plaquettes sanguines (pro-agrégantes) et l'inflammation (pro-inflammatoires)[6]. Ceux résultant des oméga-3 ont souvent l'effet contraire. En fait, ils exercent plutôt une action vasodilatatrice, anti-agrégante et anti-inflammatoire[7,8]. La puissance des eicosanoïdes provenant des oméga-3 s'avère toutefois moindre que celle résultant des oméga-6. Néanmoins, en réduisant la présence des précurseurs oméga-6 dans les tissus, les oméga-3 permettent de réduire la synthèse des eicosanoïdes provenant des oméga-6. L'intensité de la formation d'eicosanoïdes, dérivant des oméga-6 en réponse aux signaux des cellules, peut avoir des répercussions considérables dans l'évolution de plusieurs pathologies (maladies cardiovasculaires, thrombose, accidents cérébraux vasculaires, inflammation chronique, etc.)[214]. Par conséquent, de nombreux efforts de recherche ont été déployés au cours des dernières décennies afin de définir des produits pharmacologiques pouvant diminuer l'intensité de cette formation d'eicosanoïdes. D'autre part, on effectue de plus en plus d'importantes recherches biomédicales afin de déterminer le degré avec lequel les oméga-3 peuvent modérer les actions pathologiques des eicosanoïdes provenant des oméga-6.

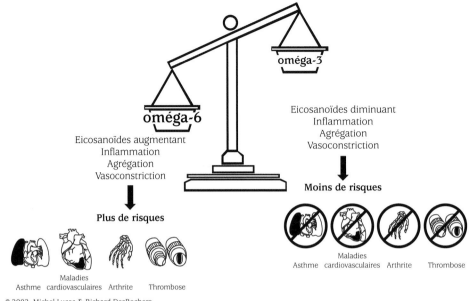

Figure 3. Impacts des acides gras oméga-6 et oméga-3 sur la synthèse d'eicosanoïdes et la santé

L'équilibre des eicosanoïdes au niveau de notre organisme dépendra notamment de notre alimentation. En fait, les précurseurs des eicosanoïdes, les oméga-6 et oméga-3, ne peuvent provenir que de sources alimentaires. Or, leurs proportions respectives dans nos tissus sont étroitement liées à leur abondance relative dans notre alimentation[213]. En d'autres mots, vos tissus seront composés selon les proportions d'oméga-6 et d'oméga-3 que vous aurez consommées. Si, dans le passé, et ce, depuis votre naissance, votre alimentation contenait une proportion plus élevée d'oméga-6 que d'oméga-3, ce qui est le cas pour la majorité de la population nord-américaine, vos tissus contiendront une proportion plus élevée d'oméga-6.

Dans le cadre de l'Enquête Santé Québec (1990), le Dr Éric Dewailly et son équipe ont réalisé plusieurs études sur le profil des acides gras dans le sang des Québécois non autochtones, des Cris de la Baie-James et des Inuits du Nunavik[9-11]. Exprimée en pourcentage des phospholipides, la concentration d'EPA et de DHA dans les tissus humains (plasma, globules rouges, tissu adipeux) refléterait fidèlement l'apport alimentaire en produits marins[12-17]. Ainsi, la mesure des niveaux d'EPA et de DHA dans le sang permettrait de distinguer facilement les mangeurs de poisson des autres. Les résultats du Dr Dewailly démontrent que la moyenne de la concentration relative d'EPA et de DHA dans les phospholipides du sang des Québécois non autochtones est nettement inférieure à celle des Cris et des Inuits (Figure 4). Cette faible concentration représente bien la maigre consommation de poissons et de produits marins chez les adultes québécois non autochtones (apport quotidien = 13,4 g) comparativement à d'autres populations dont la consommation est plus élevée, notamment celles des Cris de la Baie-James (apport quotidien = 59,7 g) et des Inuits (apport quotidien = 131,2 g)[9-11,18].

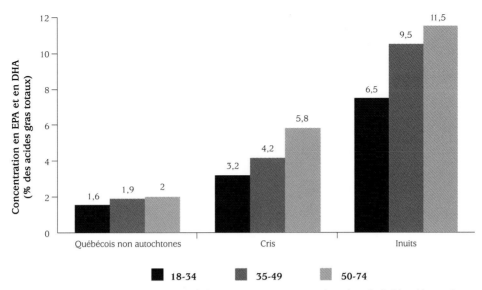

Figure 4. Concentrations moyennes relatives en EPA et en DHA des phospholipides plasmatiques chez les Québécois non autochtones, les Cris et les Inuits par groupe d'âge (Dewailly, É., Blanchet, C., et al. Am J Clin Nutr. 2001-2002)

1.4 L'importance des acides gras oméga-3 de sources marines

Il existe différentes sources d'acides gras oméga-3. En fait, on en distingue deux grandes sources : les végétaux et les produits marins. L'acide alpha-linolénique (ALA) se retrouve principalement dans les aliments d'origine végétale, surtout dans les graines et l'huile de lin ainsi que dans l'huile de canola[19]. L'ALA s'accumule très peu dans les graisses animales et les produits marins. Cependant, l'EPA et le DHA sont les principaux oméga-3 que l'on retrouve dans les poissons, les fruits de mer et les mammifères marins[19,20].

Serait-il possible que notre régime alimentaire moderne souffre d'une carence en oméga-3 ? D'après les spécialistes de la Société internationale pour l'étude des acides gras et lipides (ISSFAL), de nombreuses études démontreraient que l'alimentation occidentale serait insuffisante en acides gras oméga-3[97]. En revanche, elle serait trop riche en acides gras oméga-6 (acide linoléique). Il existerait alors un véritable déséquilibre entre les deux familles favorisant un ratio des gras oméga-6/oméga-3 plus élevé. Fait aggravant, chaque famille (oméga-6 et oméga-3) empêche l'utilisation de l'autre puisqu'ils compétitionnent les mêmes enzymes[22,23]. De ce fait, non seulement les oméga-3 seraient quantitativement insuffisants dans notre alimentation, mais encore l'excès d'oméga-6 en affecterait l'utilisation complète. Les analyses sanguines portant sur le ratio oméga-6/oméga-3 chez trois populations étudiées par le Dr Dewailly, par l'entremise des Enquêtes Santé Québec, semblent corroborer les propos des spécialistes de l'ISSFAL. En réalité, les Québécois ont un ratio oméga-6/oméga-3 moyen de 11,9 (mesuré dans les phospholipides du sang) alors que ceux des Cris et des Inuits sont respectivement de 7,2 et de 4,0 (Figure 5). Ainsi, les Québécois posséderaient dans leurs tissus 12 fois plus d'oméga-6 que d'oméga-3. Par conséquent, la formation d'eicosanoïdes, en réponse aux signaux des cellules, correspondrait majoritairement à ceux dérivant des oméga-6 (Figure 3).

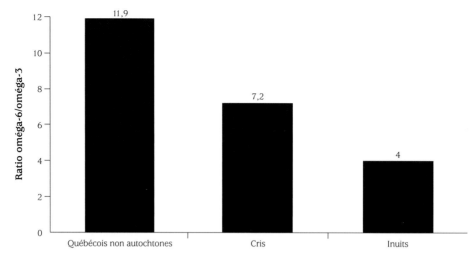

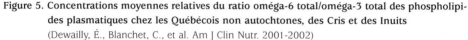

Figure 5. **Concentrations moyennes relatives du ratio oméga-6 total/oméga-3 total des phospholipides plasmatiques chez les Québécois non autochtones, des Cris et des Inuits**
(Dewailly, É., Blanchet, C., et al. Am J Clin Nutr. 2001-2002)

Dans nos tissus, la synthèse d'eicosanoïdes s'effectue principalement à partir de l'acide arachidonique de la famille oméga-6 (AA, 20:4n-6)[5], et peut être modérée par les oméga-3[213]. Étant donné que la chair du poisson est composée de HUFA de la famille oméga-3, le poisson s'avère plus efficace que les sources végétales d'oméga-3 pour modérer la formation d'eicosanoïdes provenant de l'AA[213-214]. Malheureusement, les sources végétales d'oméga-3, telles les graines et l'huile de lin, ainsi que l'huile de canola, n'ont pas les mêmes effets bénéfiques que les oméga-3 d'origine marine. En fait, seulement 5 à 10 % de l'ALA peut être transformé en EPA[22,23] (Figure 2). En ce qui concerne la transformation de l'ALA en DHA, les études présentent différents résultats, certaines mentionnant qu'à peine 3,8 % de l'ALA peut se transformer en DHA, alors que d'autres études n'ont pas observé d'augmentation. En d'autres termes, notre organisme transforme dans une très faible mesure l'ALA en EPA et en DHA.

Deuxième partie : les effets des acides gras oméga-3 d'origine marine sur la santé
«La santé n'est pas tout, mais sans la santé tout n'est rien.» Arthur Schopenhauer

2.1 Grossesse, allaitement et développement du nourrisson

La grossesse

La durée de la grossesse et le poids à la naissance sont d'importants indicateurs de la survie et de la santé des nouveau-nés[24,25]. Plusieurs facteurs influencent négativement le poids de naissance du nouveau-né, tels l'apport calorique insuffisant et le faible gain de poids durant la grossesse, l'anémie, le diabète gestationnel, le tabagisme et la grossesse adolescente[26-31]. Dans le domaine obstétrical, des études ont suggéré que les oméga-3 d'origine marine pourraient diminuer ou du moins prévenir la prématurité et ses complications[32-34] et la pré-éclampsie[35-37]. D'autres études ont également mis en évidence les effets bénéfiques des oméga-3 d'origine marine sur la croissance fœtale et l'augmentation du poids de naissance en prolongeant la durée de gestation[32,33,36,38-45].

Les chercheurs danois ont été les premiers à mettre en relation la consommation de poisson et les questions liées à la grossesse. Ils ont observé que les femmes des Îles Féroé, qui se nourrissent principalement de poissons et de mammifères marins (91 g/jour) connaissaient des durées de gestation plus longues et des bébés plus gros que les femmes danoises dont la consommation était plus faible (22 g/jour)[32]. À la suite de leurs recherches, ces scientifiques ont réalisé deux études expérimentales auprès de femmes enceintes en les supplémentant avec des huiles de poisson. Ces études visaient principalement à valider les faits observés chez les femmes des Îles Féroé et à vérifier si ces constatations pouvaient être attribuables aux HUFA de la famille oméga-3 que contiennent les graisses de poissons et de mammifères marins. Ils ont établi que l'on pouvait prolonger la durée de grossesse et, conséquemment, le poids de naissance des nouveau-nés, avec une supplémentation en huiles de poisson lors de la grossesse (dose quotidienne de 2,7 g de EPA et de DHA à partir de la 20e semaine de grossesse)[32,33]. Chez des femmes à haut risque d'accoucher prématurément (< 37 semaines), ils ont obtenu une réduction de la récurrence des accouchements prématurés de 85 % chez celles ayant consommé des huiles de poisson durant leur grossesse comparativement à celles ayant reçu de l'huile d'olive comme placebo. Dans une analyse secondaire menée auprès de ces femmes, ils ont observé que la durée de gestation de celles qui avaient reçu des huiles de poisson s'était allongée de huit jours et demi et que le poids de naissance moyen de leurs nouveau-nés était plus élevé de 209 g comparativement à celles qui avaient consommé de l'huile d'olive.

Dans une récente publication scientifique, le Dr Olsen a démontré que l'occurrence de prématurité différait selon le niveau de consommation de produits marins durant la grossesse[41]. En effet, l'occurrence de prématurité était de 7,1 % chez les mères qui n'avaient pas mangé de produits marins durant leur grossesse comparativement à 1,9 % chez celles qui en avaient consommé au moins une fois par semaine. Ils ont démontré que les femmes qui ne mangeaient pas de poisson durant leur grossesse avaient 3,6 fois plus de risque d'avoir un accouchement prématuré et un bébé de faible poids (< 2 500 g ou 5,5 lb), en regard de celles dont la consommation en produits marins était de 44 g par jour.

Plus près de nous, une étude menée auprès de 200 personnes de la Basse-Côte-Nord du Saint-Laurent a révélé que la consommation de produits de la mer chez les femmes se chiffrait à 75 g par jour et qu'elles présentaient en moyenne des concentrations de EPA et de DHA totalisant 4,6 % (mesurées dans les phospholipides du sang)[46]. Cette consommation de produits aquatiques et cette concentration en EPA et en DHA sont nettement supérieures à celles habitant les régions du Sud du Québec. Effectivement, dans un échantillon représentatif de la population québécoise, l'Enquête Santé Québec (1990) révèle que les Québécoises consommaient seulement 13 g de produits marins par jour et que la concentration en EPA et en DHA se chiffrait à 1,7 %[9]. À partir de l'été 1993 jusqu'à l'été 1995, l'équipe du Dr Dewailly a recueilli de l'information auprès des mères de la Moyenne et Basse-Côte-Nord qui ont accouché au Centre hospitalier régional de Sept-Îles. Au sein de cet échantillon, les taux de prématurité (< 37 semaines) et de naissance de faible poids (< 2 500 g ou 5,5 lb) étaient respectivement deux et quatre fois plus bas que ceux observés dans le registre des naissances du Québec (1990-1993)[47]. Dans cette étude, les chercheurs ont également mesuré les concentrations en acides gras dans le cordon ombilical des nouveau-nés. Les résultats indiquent que les concentrations d'oméga-3 mesurées dans le sang du cordon ombilical étaient trois fois plus élevées chez les enfants de la Moyenne et de la Basse-Côte-Nord (6,6 %) que chez ceux du sud du Québec (2 %). De plus, l'étude démontre que pour chaque augmentation de 1 % de la concentration d'oméga-3 dans le sang du cordon ombilical, la durée de gestation augmenterait de 2,4 jours. Malgré le fait que la majorité des femmes de la Moyenne et de la Basse-Côte-Nord aient fumé durant leur grossesse (60 % de fumeuses), elles ont quand même donné naissance à des enfants de poids moyen de 3 576 g (7,9 lb) et connu une durée de grossesse moyenne de 39,5 semaines.

En résumé, une consommation élevée d'aliments riches en oméga-3 d'origine marine par la femme enceinte modifierait l'équilibre des hormones impliquées dans le déclenchement de l'accouchement. Ainsi, un apport régulier en HUFA de la famille oméga-3 prolongerait la durée de la grossesse et, conséquemment, augmenterait le poids de naissance du nouveau-né[5,48-51]. En fait, les HUFA de la famille oméga-3 diminueraient les eicosanoïdes provenant des HUFA de la famille oméga-6 qui stimuleraient la parturition, plus précisément les prostaglandines E_2 et F_{2alpha}.

Allaitement et développement du nourrisson

De nombreuses recherches ont été effectuées au cours des dernières années sur l'importance des oméga-3 pendant la grossesse et les premiers mois de la vie du nouveau-né[5,34,42,52]. Les lipides comptent pour 50 à 60 % de la matière structurale du cerveau. On sait par ailleurs que l'AA et le DHA jouent un rôle important au cours du développement du fœtus, en particulier pour les fonctions nerveuses et visuelles. Ces acides gras s'accumulent rapidement dans les tissus nerveux du fœtus et du nouveau-né au cours du dernier trimestre de grossesse et des premiers mois de la vie postnatale[5,34,53-58]. De fait, 70 % de l'énergie durant cette période est utilisée pour le développement du cerveau[2,52].

L'accumulation du DHA au niveau du cerveau se produit durant la phase cruciale du développement du cerveau, c'est-à-dire du 3e trimestre de gestation jusqu'à l'âge de deux ans[59,60]. En ce qui concerne les membranes de la rétine, l'accumulation en DHA s'effectue durant le 3e trimestre de la grossesse pour atteindre un plateau entre la 36e et la 40e semaine de gestation[57]. La croissance du cerveau de l'enfant et sa maturation fonctionnelle s'effectueront selon des étapes prévues tout au long de son développement. Toutefois, le cerveau est plus vulnérable aux carences nutritionnelles pendant la phase cruciale de son développement que durant toute autre période. Ces carences pourraient entraîner des conséquences déterminantes sur le plan fonctionnel tout au long de la vie. Plusieurs études réalisées auprès de petits mammifères et de primates ont démontré qu'une consommation inadéquate en oméga-3 durant les premières phases de la vie avait des effets notables sur le comportement et les capacités d'apprentissage des nouveau-nés[52,61-64]. Selon le Dr Michael Crawford, une déficience en AGE ou en énergie lors de la période de croissance du cerveau résulterait en une incapacité de celui-ci à acquérir des composantes fondamentales[52]. Tel que nous l'avons mentionné précédemment, la conversion des AGE en HUFA chez les humains est limitée et relativement lente. Ainsi, l'AA et le DHA déjà pré-assimilées par la mère ou provenant de l'alimentation s'accumuleraient dix fois plus efficacement que leurs précurseurs (AL et ALA) dans les membranes du cerveau lors de sa croissance[52,59]. En somme, l'apport en HUFA de la famille oméga-6 et oméga-3, plus particulièrement l'AA et le DHA, aurait des implications considérables durant cette période cruciale du développement du cerveau et de la rétine du nourrisson.

Le fœtus dépend de la mère pour obtenir l'AA et le DHA dont il a besoin pour son développement[65-67]. Ce transfert de matières grasses de la mère au fœtus s'effectue par la circulation sanguine du placenta. On observe une diminution du niveau des HUFA de la famille oméga-3 chez la mère après plusieurs grossesses[42-43,68-71]. De plus, certains chercheurs ont remarqué que la quantité en DHA était significativement inférieure chez les femmes qui auraient eu plusieurs naissances vivantes comparativement à celles qui n'en auraient eu qu'une seule. Ces chercheurs ont avancé que la grossesse mobiliserait les réserves en DHA de la mère et que, sous certaines conditions alimentaires, ces réserves ne seraient pas entièrement récupérées[44,67,68,72]. Fait anthropologique étonnant, la collecte des crustacés et des mollusques constituait l'une des responsabilités des femmes enceintes et allaitantes à la période de l'âge de pierre. Ainsi, malgré leur mobilité réduite, elles pouvaient abondamment combler les besoins nutritionnels spécifiques du cerveau de leur progéniture[2]. Par ailleurs, la tradition grecque mentionne également que les femmes eurent d'abord le monopole de la pêche[3].

Afin de pallier les besoins des nourrissons durant les premiers mois de vie extra-utérine, Dame Nature a prévu combler ceux en HUFA grâce au lait maternel. Dans ce merveilleux liquide qui possède de nombreuses qualités, on retrouve environ 0,5 à 0,7 % d'AA et 0,1 à 2,8 % de DHA[73-76]. Une femme qui s'alimente correctement pendant sa grossesse accumulera des réserves en gras suffisantes pour assurer le tiers de l'énergie et des besoins en AGE nécessaires pour les trois premiers mois d'allaitement[5,34]. Le niveau de DHA dans le lait maternel semble être très dépendant de l'apport quotidien en oméga-3 d'origine marine de la mère durant sa grossesse et sa période de lactation[42,69]. Effectivement, on retrouve des niveaux de DHA plus élevés dans le sang et le lait maternel des femmes omnivores que chez les végétariennes[77-82]. Le niveau de DHA dans le lait maternel des Inuites et des Chinoises habitant les régions maritimes, qui sont de grandes consommatrices de produits marins, a été évalué à environ 1,5 % et 2,8 % respectivement[77-82]. Ces taux sont nettement supérieurs à celui que l'on a observé chez les Canadiennes, soit environ 0,5 %. Des études ont aussi indiqué que l'on pouvait augmenter le niveau de DHA du lait maternel à l'aide d'une supplémentation en oméga-3 d'origine marine durant la période de lactation[83-85]. Par ailleurs, on a constaté qu'au cours de la période de l'allaitement le niveau de DHA dans le sang de la mère et dans le lait maternel diminuait[43,70,75,86].

Des observations réalisées chez des enfants décédés en bas âge ont démontré que ceux qui étaient nourris au lait maternel possédaient, au niveau du cortex cérébral, des concentrations de DHA plus élevées que ceux qui avaient été nourris avec des formules maternisées sans HUFA[87,88]. Des chercheurs se sont également interrogés sur les impacts des HUFA ajoutés aux formules maternisées. Ils ont remarqué que l'ajout d'AA et de DHA dans ces formules avait permis aux enfants nés à terme d'obtenir des résultats plus élevés aux tests de quotient développemental à quatre mois, de résolution de problèmes à dix mois et de développement mental de Bayley's à 18 mois, comparativement aux autres enfants qui avaient reçu une formule sans HUFA[89-92]. Toutefois, il est important de noter que les résultats obtenus par les bébés lors des tests de développement ne montrent qu'une faible relation avec le quotient intellectuel qui sera observé à l'adolescence[93]. C'est à partir de l'âge de deux ans que ces tests donneront un bon aperçu des résultats qui seront obtenus plus tard, vers les 18 ans.

Les enfants nés prématurément, et surtout ceux de faibles poids, présentent des risques plus élevés de souffrir de troubles neuro-développementaux[5,34]. En outre, ces enfants naissent avec des niveaux sanguins plus bas en AGE et en HUFA (AA et DHA) que les enfants nés à terme[67,94,95]. Des chercheurs ont également observé que plus le niveau sanguin en DHA augmentait chez les enfants de faibles poids, plus leurs résultats aux tests de Bayley's (tests de développement psychomoteur et mental) étaient élevés[14]. D'autre part, des liens positifs ont été établis chez les prématurés entre le niveau de DHA, le poids, la longueur à la naissance et la circonférence de la tête[52,96]. En d'autres mots, les prématurés qui naissent avec des niveaux plus élevés en DHA sont plus gros et plus grands que ceux qui naissent avec des niveaux plus bas. Étant donné leur naissance précoce, les prématurés présentent donc des besoins plus élevés en HUFA. D'ailleurs, il existe un consensus au sein de la communauté scientifique voulant que les enfants prématurés reçoivent des formules maternisées enrichies en HUFA (spécifiquement l'AA et le DHA)[5,34,97]. Des observations réalisées auprès d'enfants prématurés ont révélé que ceux qui étaient nourris avec du lait maternel avaient un quotient intellectuel plus élevé à 18 mois et à huit ans que ceux nourris avec une formule maternisée sans HUFA[63]. D'autres recherches menées auprès de prématurés ont démontré qu'un apport en DHA leur permettrait d'acquérir une meilleure acuité visuelle[64,98,99]. Par ailleurs, une récente analyse de plusieurs recherches sur l'impact de l'allaitement nous permet de conclure que le lait maternel procurerait des avantages importants au niveau du développement cognitif et que ceux-ci augmenteraient avec la durée de l'allaitement[100]. Bref, l'ensemble de ces observations nous indiquerait que l'apport en HUFA de la famille oméga-3 est tout aussi important pendant la période de l'allaitement et le développement du nourrisson que durant la grossesse.

2.2 Les troubles du système nerveux

Les gras et le système nerveux

Parmi tout ce qui compose la nature et ce que l'humain a créé, notre cerveau constitue de loin la structure la plus complexe et la plus organisée. Le cerveau de l'humain pèse environ 300 g à la naissance, 800 g à un an et environ 1 370 g à l'âge adulte[21]. En fait, le poids du cerveau du nouveau-né double durant les premiers six mois de vie extra-utérine. Toutefois, la taille du nouveau-né ne doublera qu'à l'âge de quatre ans, soit environ un mètre. Tel que mentionné précédemment, l'alimentation du nourrisson revêt une importance fondamentale durant la période critique du développement de son cerveau et de son système nerveux.

Les acides gras jouent un rôle majeur dans la composition des tissus du système nerveux. Immédiatement après nos réserves de gras corporel, le système nerveux possède la concentration la plus élevée en lipides[52,60,101]. Le poids sec d'un cerveau humain est attribué principalement aux lipides. En effet, 22 % du cortex cérébral (matière grise) et 24 % de la matière blanche sont constitués de phospholipides. Des changements marqués se produiraient au niveau de la composition des lipides, des neurones et des oligodendrocytes lorsqu'on modifie de façon importante l'apport alimentaire en oméga-3[101]. Plusieurs études ont d'ailleurs démontré qu'une défi- cience en oméga-3 pourrait changer les propriétés physiques des membranes des cellules nerveuses, incluant entre autres l'activité de divers récepteurs et la trans- mission de signaux. De plus, ces acides gras auraient une influence sur la synthèse de neurotransmetteurs comme la sérotonine, l'adrénaline et la noradrénaline[102-104]. Selon certains chercheurs, les apports alimentaires pourraient modifier et norma- liser les concentrations du contenu cérébral en HUFA[105]. Ainsi, un apport quotidien en HUFA de la famille oméga-3 pourrait agir à titre d'adjuvant dans le traitement des troubles mentaux impliquant un déséquilibre en HUFA.

La dépression majeure

La dépression majeure est définie selon la Société américaine de psychiatrie par une perte d'habilité à fonctionner au sein de la famille ou au travail pour une période de plus de deux semaines, et ce, en association avec des troubles de l'humeur, du som- meil, de la concentration, de l'estime de soi, de l'appétit, de l'énergie physique et sexuelle[106]. Selon l'Organisation mondiale de la santé (OMS), la dépression majeure constituerait la plus importante cause de morbidité au monde[107].

La prévalence (nombre de cas dans une population à un moment précis) de la dépression majeure aux États-Unis ces dernières années serait 100 fois plus élevée que celle antérieure à l'année 1910[108]. Cette augmentation considérable des cas de dépression majeure au cours du dernier siècle a également été observée dans plu- sieurs autres sociétés industrialisées, dont l'Allemagne, le Canada et Taïwan[109]. Selon des chercheurs des Instituts nationaux de la santé (NIH) aux États-Unis, l'ali- mentation de notre société post-industrielle semble avoir contribué à l'augmenta- tion du taux de prévalence de dépression majeure[110]. Notamment, notre alimen- tation a connu une diminution des apports en EPA et en DHA alors que les apports en oméga-6 ont plutôt augmenté de façon considérable. Le ratio oméga-6/oméga-3 dans l'alimentation de l'humain à l'époque où il était chasseur-cueilleur a été estimé entre 1 et 2[111]. Par ailleurs, dans nos sociétés occidentales, ce ratio a plutôt été estimé entre 20 et 30. Cette augmentation du ratio oméga-6/oméga-3 dans l'alimen- tation humaine ne serait pas seulement attribuable à la diminution de la consom- mation de produits marins, mais aussi à l'augmentation de la disponibilité des pro- duits commerciaux contenant des huiles dont la teneur en oméga-6 est nettement supérieure à celle en oméga-3 (plus particulièrement, l'huile de soya, de maïs et de tournesol).

Des études, effectuées à partir de données internationales regroupant plus de 35 000 individus, démontrent que la prévalence de la dépression diminuerait lorsque la consommation de poisson augmente[112]. La prévalence de dépression majeure varierait d'environ 50 fois entre les deux extrêmes. Des pays comme l'Allemagne, la Nouvelle-Zélande et le Canada, dont la consommation de poisson s'établissait à 12,7, 17,7 et 23,2 kg/personne/année (28, 39 et 51 lb/personne/année), présente- raient respectivement des proportions de cas de dépression de 5 %, 5,8 % et 5,2 %[113]. D'autre part, le Japon, dont la consommation de poisson était la plus élevée, environ 67,3 kg/personne/année (148 lb/personne/année), avait un taux de dépression majeure d'environ 50 fois inférieur, soit 0,12 %. À noter que les études de comparaisons internationales ne présentent pas d'évidence directe établissant une relation entre la consommation de poisson et la dépression. Toutefois, elles offrent une perspective de la direction et de l'ampleur que pourrait avoir une telle relation.

Une étude nationale a été effectuée en Finlande auprès de 3 000 sujets afin de prospecter la prévalence de symptômes de la dépression[114]. Dans cette étude, on a observé que ceux qui consommaient du poisson au moins deux fois par semaine étaient moins à risque d'avoir des idées suicidaires et d'être dépressifs que ceux qui en consommaient rarement. Il y a quelques années, le même genre de résultats avait été obtenu auprès de deux populations de Japonais âgés[115-116]. La prévalence de la dépression majeure qui avait été recueillie grâce à des entrevues structurées, telles que définies par les critères du DSM-III (Diagnostic Criteria of Mental Disorders) par la Société américaine de psychiatrie, était moins élevée dans les villages de pêcheurs japonais (0,0 %) que dans la population en général (0,9 %). Des collectes de données comparables aux États-Unis ont rapporté des taux de 3,7 % et de 2,9 %[117-118]. Au Japon, l'apport en oméga-3 d'origine marine est plus élevé dans les villages de pêcheurs (4,2 g/jour) que celui des villages de fermiers (1,5 g/jour), et largement supérieur à celui des Américains (0,1 g/jour)[119].

Chez des patients hospitalisés pour des dépressions majeures, on a observé que le ratio AA/EPA était particulièrement élevé[120-122]. On a également remarqué que plus ce ratio était élevé, plus les symptômes dépressifs étaient sévères. Ces études ont entre autres démontré que les personnes souffrant de dépression avaient beaucoup moins de DHA au niveau sanguin que les personnes saines. Selon des chercheurs de l'Institut national sur l'abus d'alcool et l'alcoolisme (NIAAA) au Maryland, la concentration sanguine d'oméga-3 pourrait être utilisée comme critère pour prédire la concentration de certains neurotransmetteurs impliqués dans la neurobiologie des dépressions et des agressions[103-104]. Lors d'une étude effectuée chez des sujets humains, on a observé qu'une concentration sanguine plus élevée en DHA permettait de prédire des concentrations plus élevées d'un métabolite (produit de la transformation) de la sérotonine : l'acide 5 hydroxy-indol-acétique (5HIAA). Les auteurs ont d'ailleurs obtenu les mêmes résultats lors d'une étude effectuée sur des singes[113]. En somme, une concentration sanguine plus élevée en DHA révélerait une concentration plus élevée de sérotonine.

Dans les cas de dépression, on constate effectivement une diminution du principal métabolite de la sérotonine (5HIAA)[123]. La sérotonine est un neurotransmetteur qui a la capacité de moduler l'humeur. Tant chez l'humain que chez l'animal, une diminution de la sérotonine est associée à une tendance à la hausse de l'impulsivité, de l'hostilité et de l'agressivité[124]. Certains médicaments, comme le Prozac®, amélioreraient l'humeur de certains patients en augmentant la concentration de la sérotonine au niveau des synapses des neurones. En tenant compte, d'une part, de l'association entre les niveaux de la sérotonine et la dépression et, d'autre part, de l'association entre les niveaux de la sérotonine et la violence, il n'est pas étonnant de découvrir qu'une relation entre la sérotonine et le suicide ait été établie[124]. On a également observé chez les personnes ayant tenté de se suicider une réduction de la 5HIAA dans le liquide céphalorachidien. En somme, il semble plausible de croire que des niveaux optimaux de sérotonine seraient indispensables pour interagir harmonieusement avec son environnement. Bref, des taux bas de sérotonine auraient probablement comme effet d'augmenter les comportements violents envers soi et autrui.

Dépression post-partum

Durant la grossesse, il s'effectue un transfert marqué du DHA de la mère au fœtus par la circulation sanguine du placenta. Par ailleurs, on observe une diminution du niveau des HUFA de la famille oméga-3 chez la mère après plusieurs grosses-ses[42-43,68-71]. De plus, certains auteurs ont suggéré que la grossesse mobilise de façon importante les réserves en DHA de la mère et que, sous certaines conditions alimentaires, ces réserves ne seraient pas entièrement reconstituées[44,67-68,72]. À l'aide de données épidémiologiques et économiques, des chercheurs auraient établi un lien entre la consommation annuelle de poisson et la prévalence de la dépres-sion post-partum[125]. Selon eux, plus les femmes consommeraient de poisson, moins fréquent serait le nombre de cas de dépression post-partum. Ces chercheurs ont également effectué des analyses à partir du niveau de DHA contenu dans le lait maternel des femmes des différents pays où ils ont effectué leurs recherches. Les résultats démontrent que plus le niveau de DHA dans le lait maternel est élevé moins on retrouverait de cas de dépression post-partum. Ces relations demeure-raient significatives même après l'exclusion des pays de l'Asie, de ceux dont le statut socio-économique était considérablement différent et de ceux qui possédaient d'autres facteurs de risques importants les exposant à la dépression post-partum.

Maladie bipolaire

La maladie bipolaire est un trouble neuropsychiatrique mieux connu sous le nom de maniaco-dépression. Malgré l'existence de nombreux médicaments stabilisateurs de l'humeur, tels que le lithium (Lithane®) ou le divalprœx (Épival®), cette maladie est caractérisée par de nombreuses rechutes des patients qui suivent des traite-ments pharmacologiques conventionnels. Une recherche expérimentale effectuée auprès de personnes atteintes de cette pathologie a révélé que ceux qui avaient reçu de fortes doses d'oméga-3 (9,4 g/jour) profitaient d'une plus longue période de rémission que ceux qui avaient reçu un placebo[126]. On a aussi observé une diminu-tion des épisodes sévères en phase maniaque et dépressive après quatre mois de traitement. Les données épidémiologiques internationales, mettant en relation la prévalence de la maladie bipolaire avec les données économiques sur la consom-mation de poisson, semblent être en accord avec les résultats de l'étude clinique de Stoll citée précédemment[127]. En effet, plus la consommation de poisson est élevée dans certains pays, moins le nombre de cas de maladie bipolaire (type I et II) est élevé. La maladie bipolaire de type II ainsi que les troubles s'y rattachant auraient un seuil de vulnérabilité en deçà de 22,7 kg de poisson/personne/année (50 lb/person-ne/année). Au-dessus de ce seuil, la proportion de cas de la maladie bipolaire chuterait de façon dramatique. Par exemple, à Taïwan (consommation de poisson 37 kg/personne/année ou 81,6 lb/personne/année), le taux de maladie bipolaire était de 0,4 %, alors qu'en Allemagne (consommation de poisson 12,5 kg/person-ne/année ou 27,6 lb/personne/année), ce taux était 16 fois plus élevé, soit 6,5 %.

La schizophrénie

La schizophrénie est une maladie qui découle d'une modification du fonction-nement du cerveau et qui se manifeste par des épisodes aigus de psychose, suivis de divers symptômes chroniques constituant un handicap[128]. Elle se déclare plus souvent entre l'adolescence et l'âge de 40 ans. Les causes de cette affection com-plexe sont multiples et demeurent très controversées. Les données internationales n'ont pas permis d'établir un lien entre la consommation de poisson et la prévalence de la schizophrénie, ainsi que les désordres qui y sont associés[127]. Elles suggéreraient que la consommation de poisson a principalement un effet sur les troubles mentaux à connotation affective. Une étude de suivi menée par l'OMS auprès de huit pays a indiqué que l'incidence et la prévalence de la schizophrénie étaient les mêmes dans ces pays, mais que l'évolution de cette maladie était plus agressive dans certains pays que d'autres[129]. Cette étude a révélé, entre autres, que ceux qui présentaient un pronostique schizophrénique plus favorable avaient un apport moins élevé en gras animaux. Cependant, aucune relation significative n'a été établie entre un pronostique schizophrénique plus favorable et un apport plus élevé en gras d'origine végétale ou marine. Deux études expérimentales ont toutefois démontré que l'on pouvait améliorer certains paramètres psychologiques chez des personnes atteintes de schizophrénie à l'aide d'oméga-3 d'origine marine[130].

Troubles déficitaires de l'attention/hyperactivité (TDAH)

Les «troubles déficitaires de l'attention/hyperactivité (TDAH)» est une expression médicale utilisée pour décrire les enfants inattentifs, impulsifs, avec ou sans hyperactivité[106]. Ces comportements affectent grandement leur réussite scolaire, leurs relations familiales et leurs interactions sociales avec les autres enfants. Les TDAH affecteraient de 3 à 5 % des enfants d'âge scolaire et plus particulièrement les garçons. Des stimulants comme le Ritalin® sont souvent prescrits afin de diminuer l'hyperactivité et d'améliorer l'attention. Les causes sont inconnues, mais on sait qu'il existe une composante biologique et que ces désordres seraient le résultat de la combinaison de plusieurs facteurs[131]. Par exemple, des études ont suggéré que des facteurs génétiques, des troubles familiaux, des dérèglements au niveau des neurotransmetteurs, une intoxication au plomb et des sensibilités à certains aliments affecteraient négativement le comportement de certains enfants atteints. De plus, on a observé chez les enfants souffrant de TDAH des taux plus bas en EPA, en DHA et en AA dans le sang que chez ceux non affectés.

Les enfants souffrant d'hyperactivité sont généralement plus assoiffés que ceux qui ne sont pas affectés[131]. D'autre part, on sait déjà depuis plusieurs années qu'une soif excessive correspond à l'un des premiers signes physiologiques d'une déficience en AGE. Plusieurs enfants hyperactifs souffriraient aussi de polyurie (augmentation de l'urination), d'eczéma, d'asthme et d'allergies. Ils auraient aussi la peau sèche et les cheveux secs. Ces derniers symptômes et troubles seraient caractérisés en partie par une anomalie au niveau des AGE. D'ailleurs, le Dr Stevens a noté dans son étude que 40 % des enfants atteints de TDAH souffraient de ces symptômes et troubles. De plus, des taux sanguins plus bas en AA et en DHA auraient été observés chez ces enfants. Une autre étude, menée par le Dr Stevens auprès de jeunes garçons âgés entre six et 12 ans, a établi que les enfants qui présentaient des niveaux sanguins plus bas en oméga-3 démontraient davantage de problèmes de comportement, d'apprentissage et de santé que ceux avec des taux plus élevés[132]. Une étude d'intervention menée auprès d'enfants atteints de TDAH n'a pas permis de constater d'amélioration des symptômes des TDAH avec une supplémentation en DHA comparativement à l'utilisation d'un placebo[133]. Les auteurs de cette étude ont émis l'hypothèse que le taux de rotation des matières grasses au niveau du cerveau des enfants âgés entre six et 12 ans serait très lent. Par conséquent, une supplémentation sur une période se prolongeant au-delà de quatre mois et une dose plus élevée seraient nécessaires pour constater un changement au niveau du système nerveux central. En somme, le diagnostic de troubles de comportement chez les enfants s'avère un acte médical très complexe. Par conséquent, cette difficulté dans l'établissement d'un diagnostic précis et sans équivoque constitue un facteur prépondérant pouvant invalider plusieurs études sur le sujet.

2.3 Les maladies cardiovasculaires et le diabète

Les maladies cardiovasculaires (MCV)

Ce sont les recherches des Danois Bang et Dyerberg qui ont révélé la rareté des maladies cardiovasculaires (MCV) chez les Inuits du Grœnland[134-135], et la relation avec une consommation élevée de produits marins. Parallèlement, ils ont remarqué que la diminution rapide des MCV et du taux de mortalité chez les Norvégiens, lors de l'invasion allemande en 1940, pouvait être causée par un changement de leur régime alimentaire (plus de poisson et moins de viande). Des travaux menés auprès des populations japonaises, dont l'apport en poisson était considérable, ont également permis de corroborer les résultats observés chez les Inuits[136]. Parmi les études de suivi de populations, plus d'une douzaine d'entre elles ont rapporté une diminution importante des MCV liée à une augmentation de l'apport en oméga-3 d'origine marine[137-149].

Une vaste étude d'intervention, la DART (Diet and Reinfraction Trial), a été conduite auprès de 2 033 hommes qui avaient déjà subi un infarctus du myocarde[150]. Dans le premier groupe, les participants avaient reçu la recommandation de consommer du poisson gras[a] au moins deux fois par semaine. Les deux autres groupes devaient, soit augmenter les fibres, soit augmenter leur rapport d'acides gras polyinsaturés/saturés. Chaque groupe était comparé à un groupe témoin dont les caractéristiques physiologiques et sociologiques étaient similaires. Après deux ans, on a noté une réduction de 29 % de la mortalité globale et de 32 % des arrêts cardiaques ischémiques chez les sujets qui devaient consommer plus de poisson comparativement à leur groupe contrôle. La consommation moyenne de poissons gras dans ce groupe était d'environ 200 à 400 g par semaine soit l'équivalent de deux repas. Fait important à noter, ces diminutions de mortalité observées sont du même ordre de grandeur que celles que l'on obtient avec les médicaments les plus prescrits pour diminuer le taux de cholestérol sanguin. Une vaste étude italienne (GISSI-Prenvenzione) a également démontré les effets bénéfiques des oméga-3 sur la diminution des MCV[151]. Cette étude a été réalisée auprès de 5 664 patients ayant déjà subi un infarctus du myocarde. Après trois ans et demi de suivi, on a constaté dans le groupe qui consommait de l'huile de poisson une diminution de 18 % de la mortalité totale, de 25 % de la mortalité cardiovasculaire et de 82 % de la mortalité cardiovasculaire soudaine, comparativement au groupe contrôle. Les patients dans le groupe expérimental avaient consommé quotidiennement une capsule de 1 g contenant environ 866 mg de EPA et de DHA. Fait étonnant, la quantité d'oméga-3 utilisée dans cette étude équivaut à une consommation d'environ 100 g de poisson gras par jour. Récemment, les auteurs de cette étude ont démontré que les bénéfices d'un traitement avec des oméga-3 d'origine marine sur la mortalité totale et les décès cardio-

[a] On retrouve souvent dans la littérature l'expression **poisson gras**. Cette expression est très péjorative, car comparativement à d'autres sources de protéines animales, les poissons les plus gras sont tout de même faibles en gras puisqu'ils comportent pour la plupart moins de 10 % de matières grasses (M.G.), sauf pour quelques poissons (maquereau, flétan du Grœnland, saumon, hareng, sardine, etc.) qui en possèdent plus de 10 %. Or, le terme **gras** est surtout utilisé pour indiquer les poissons avec plus de 5 % de M.G. et qui sont, par ailleurs, les plus riches en acides gras oméga-3.

vasculaires étaient obtenus rapidement, plus spécifiquement entre trois et huit mois après le début du traitement[152].

Les effets préventifs de la consommation de poisson pour contrer la progression des MCV seraient surtout attribuables à leur action sur les mécanismes thrombotiques et immunologiques que sur les lipoprotéines («mauvais» cholestérol)[34]. La consommation de poisson serait donc associée à la diminution des risques de thrombose, en réduisant entre autres l'agrégation des plaquettes sanguines et en agissant sur plusieurs mécanismes impliqués dans la formation de caillots sanguins (thrombogénèse)[111,134,153-155]. Elle préviendrait aussi les arythmies cardiaques (troubles du rythme cardiaque), une des premières causes de décès cardiovasculaires[146,156-161]. Selon les auteurs de l'étude italienne, les effets rapides obtenus sur la diminution de la mortalité totale et la mortalité cardiovasculaire soudaine avec une dose modérée d'oméga-3 supporteraient adéquatement l'hypothèse de l'effet anti-arythmique des oméga-3[152]. La consommation d'oméga-3 semble avoir peu d'effets sur le «mauvais» cholestérol (LDL), mais apparaît plutôt efficace pour diminuer les triglycérides et les lipoprotéines de très faible densité (VLDL)[162]. Avec un apport supérieur à 2 g par jour, certains chercheurs ont noté une réduction de 20 à 50 % des triglycérides et des VLDL[163-164]. Outre leur capacité à diminuer les eicosanoïdes provenant des oméga-6, les oméga-3 d'origine marine possèdent également d'autres propriétés anti-inflammatoires qui seraient impliquées dans la diminution des MCV[8,165]. De plus, ils auraient la capacité d'abaisser quelque peu la tension artérielle[166-167] et de stimuler la synthèse de substances sollicitées dans la dilatation et la relaxation des artères[168-170].

Dans une étude visant à comparer les effets protecteurs des oméga-3 par rapport aux différents traitements pharmaceutiques préconisés pour les MCV, les Drs Harris et O'Keefe (2001) ont démontré qu'on pouvait diminuer davantage le nombre de décès par MCV avec une supplémentation en oméga-3 d'origine marine qu'avec les médicaments les plus utilisés actuellement[171]. En somme, l'ajout de deux repas de poisson gras par semaine ou l'équivalent en oméga-3 (sous forme de supplément) à la thérapie médicamenteuse conventionnelle permettrait d'obtenir une diminution plus considérable des cas de MCV. Bref, un apport quotidien en acides gras oméga-3 par une consommation de poisson aurait des effets préventifs par l'entremise de leur action sur plusieurs facteurs impliqués dans l'évolution des MCV. D'ailleurs, la Fondation américaine des maladies du cœur a indiqué dans ses lignes directrices sur l'alimentation, publiées en 2000, que «la consommation d'un poisson gras par jour (ou l'alternative, c'est-à-dire un supplément d'huile de poisson), peut se comparer à un apport en acides gras oméga-3 (EPA + DHA) de 900 mg, et ainsi diminuer la mortalité cardiovasculaire coronarienne»[b][172].

Le diabète

On retrouve principalement le diabète de type II chez les adultes. Il est caractérisé par une hausse du taux de sucre dans le sang (hyperglycémie), avec ou sans hausse des triglycérides dans le sang (hypertriglycéridémie). Le diabète occasionnerait le développement de nombreuses complications, dont l'altération des petits et des gros vaisseaux sanguins (micro et macroangiopathie), des reins (néphropathie) et des nerfs (neuropathie)[111]. Les hommes et les femmes atteints de diabète de type II présentent des taux de mortalité cardiovasculaire trois à cinq fois plus élevés que

[b] Traduction libre.

ceux de la population non diabétique. L'insuffisance coronarienne est la première cause de décès (40 à 50 % des cas) des diabétiques insulino et non-insulino dépendants. L'accumulation des facteurs de risques athérogéniques (dyslipidémie, hypertension) et thrombotiques associés à la résistance à l'insuline expliquerait ce risque plus élevé de MCV chez ces personnes.

Les données épidémiologiques signalent que l'on retrouve un nombre de cas accrus de diabète de type II chez les personnes ayant un apport alimentaire élevé en acide gras oméga-6 et, conséquemment un ratio oméga-6/oméga-3 élevé[173]. Une vingtaine d'études ont été conduites auprès de patients atteints de diabète de type II afin de vérifier les divers effets des oméga-3 sur le profil de santé de ces patients[111]. Dans la majorité de ces études, on a noté une baisse significative des triglycérides. Certaines ont démontré que les oméga-3 pouvaient augmenter le taux de sucre (glucose) dans le sang. Cependant, plusieurs de ces études ont été réalisées avec peu de sujets, les doses d'oméga-3 étant très élevées (supérieures à 3 g par jour) et des groupes de comparaison étant non disponibles. La plus récente analyse d'études portant sur le sujet a conclu que l'utilisation d'huile de poisson n'aurait pas d'effet néfaste sur le contrôle de la glycémie[174]. En d'autres termes, la prise d'oméga-3 n'altérerait pas les niveaux de sucre dans le sang. De plus, une diminution importante des triglycérides et une augmentation du «bon cholestérol» (HDL) ont été notées chez les diabétiques avec la prise d'oméga-3[175]. Ces modifications auraient comme répercussion d'améliorer le profil lipidique de ces personnes et ainsi de diminuer leurs risques de MCV.

2.4 Les désordres inflammatoires et le cancer

Arthrite rhumatoïde

Les études d'observations chez les Inuits ont révélé non seulement de faibles taux de MCV, mais aussi une faible incidence de maladies auto-immunes et inflammatoires, telle que l'arthrite rhumatoïde[176]. En 1995, une analyse de plusieurs études a permis de constater que la consommation d'oméga-3 sous forme de capsules d'huiles de poisson pouvait améliorer les conditions cliniques des patients souffrant d'arthrite rhumatoïde. En fait, les analystes ont observé une diminution des raideurs matinales, de la douleur au niveau des articulations et de l'usage d'anti-inflammatoires non-stéroïdiens[177]. Durant cette même année, une autre étude a révélé les mêmes résultats après 48 semaines de supplémentation avec 3 à 6 g d'oméga-3 par jour sous forme de capsules[24,178]. Ces deux études sont arrivées à la même conclusion : certains patients qui consomment des oméga-3, sous forme de capsules d'huiles de poisson, pourraient réduire leur médication anti-inflammatoire sans aggraver leurs douleurs. Les auteurs de ces études ont suggéré que pour obtenir des effets bénéfiques, la prise d'oméga-3 devait être continue pour une période d'au moins 12 semaines. En fait, ce délai serait nécessaire pour induire une suppression des eicosanoïdes responsables de l'inflammation.

Une étude effectuée auprès de femmes a révélé qu'une consommation de plus de deux repas de poisson (grillé ou cuit au four) par semaine était associée à un risque deux fois plus faible d'avoir de l'arthrite rhumatoïde[179]. Ainsi, la consommation de poisson aurait un effet préventif dans l'apparition de l'arthrite rhumatoïde alors que la consommation de viande la favoriserait. En effet, une analyse de la prévalence d'arthrite rhumatoïde au sein de huit pays a indiqué récemment que plus la consommation de viande augmentait dans un pays, plus le nombre de cas d'arthrite rhumatoïde augmentait[180]. Saviez-vous que les Québécois consomment en moyenne 170 g par jour du groupe alimentaire Viandes et substituts, dont seulement 13,6 g proviendraient du poisson[18] ? Il serait donc préférable de consommer régulièrement du poisson au lieu de la viande. En somme, la consommation d'oméga-3 d'origine marine serait recommandée comme adjuvant à la médication traditionnelle dans le cadre du traitement de l'arthrite rhumatoïde. On suggère aussi de diminuer l'apport alimentaire en oméga-6 afin d'obtenir de meilleurs résultats. Rappelons que les oméga-6 de sources végétales (huile de carthame, de tournesol, de maïs, de soya, etc.) sont les sources alimentaires contribuant à enrichir les tissus en oméga-6 et que ceux-ci sont les précurseurs des eicosanoïdes induisant l'inflammation.

Maladies inflammatoires de l'intestin

Les faibles taux de maladies inflammatoires de l'intestin observés chez les populations inuites ont permis, une fois de plus, d'établir l'importance des oméga-3 d'origine marine dans ces pathologies inflammatoires[181]. Dans un article publié en 1992, Stenson et ses collaborateurs indiquaient que les patients souffrant de colite ulcéreuse avaient 50 fois plus d'eicosanoïdes favorisant l'inflammation (plus spécifiquement, le leukotriène B4) dans leurs cellules intestinales inflammées que dans celles qui étaient saines[182]. D'autres chercheurs ont remarqué que les cellules intestinales des personnes atteintes de colite ulcéreuse et de maladie de Crohn produisaient, à partir de l'AA, 30 fois plus d'eicosanoïdes favorisant l'inflammation (leukotriène B4) que les cellules d'intestins normaux[183]. D'autre part, on a démontré chez les personnes souffrant de maladies inflammatoires de l'intestin qu'une supplémentation avec de fortes doses d'oméga-3 (3-6 g/jour) permettrait de diminuer d'environ 60 % la production d'eicosanoïdes et de protéines favorisant l'inflammation[165].

Dans une étude menée auprès de personnes atteintes de colite ulcéreuse, on a rapporté qu'avec une prise quotidienne d'oméga-3, on pouvait observer une augmentation du poids corporel de 1,74 kg (3,8 lb) et une amélioration de l'état des tissus inflammés[182]. Il est important de rappeler que les personnes souffrant de colite ulcéreuse éprouvent beaucoup de douleurs intestinales et produisent des selles liquides plusieurs fois par jour. Par conséquent, elles ont de la difficulté à combler leur besoin calorique et sont souvent très maigres. En fait, il est très difficile pour elles de prendre du poids et le gain de 1,74 kg après quatre mois de traitement constitue un résultat exceptionnel. Une autre étude a révélé qu'une consommation de 2,7 g d'oméga-3 par jour pendant un an permettait à un plus grand nombre de patients atteints de la maladie de Crohn de demeurer en rémission[184]. Après un an de traitement, deux fois plus de patients atteints de la maladie de Crohn sont demeurés en rémission dans le groupe recevant des oméga-3 d'origine marine (59 %), comparativement à ceux dans le groupe recevant un placebo (26 %). En somme, les HUFA de la famille oméga-3 posséderaient des effets potentiellement bénéfiques dans la thérapie de la colite ulcéreuse et de la maladie de Crohn. Toutefois, de nombreuses études effectuées avec des oméga-3 d'origine marine n'ont pas été en mesure de conclure à une amélioration significative de l'état clinique des personnes atteintes de colite ulcéreuse[185-188]. Les résultats différents rapportés dans ces études seraient attribuables aux différences de conception des études (sélection des patients, influences simultanées d'autres thérapies, choix du placebo, formulations d'acides gras oméga-3 différentes, etc.)[181].

Le cancer

Une consommation élevée de fruits et de légumes et un faible apport en viande rouge ont déjà démontré leur effet dans la diminution du risque de cancer[189-190]. Cependant, on a porté peu d'attention au rôle de la consommation de poisson face au risque de cancer. Telle que mentionnée précédemment, la consommation de poisson peut diminuer les MCV[143,145,149-152,191]. D'autre part, une réduction de la mortalité totale a été observée dans nombre d'études, suggérant ainsi l'existence d'une relation possible entre la consommation de poisson et la diminution des causes de décès non cardiaques, dont le cancer.

Des études d'observations ont révélé que la consommation de poisson était associée à une diminution des taux de mortalité et de l'incidence de cancers[192-194]. Afin d'obtenir plus d'information sur ce sujet, des chercheurs italiens ont examiné la relation entre la consommation de poisson et le risque de cancer en utilisant des données provenant d'études réalisées dans le Nord de l'Italie[195]. Ils ont constaté l'existence d'une protection contre certains cancers (pharynx, larynx, œsophage, estomac, pancréas, côlon, rectum, endomètre et ovaires), grâce à la consommation de poisson. D'autre part, aucune relation n'a été établie entre la consommation de poisson et le cancer du foie, de la vésicule biliaire, du sein, de la vessie, du rein, de la thyroïde ou des lymphomes.

Dans la littérature scientifique, la consommation de poisson semble avoir un effet préventif contre les cancers du sein et de la prostate[195]. Quelques études aussi ont démontré un effet préventif dans l'apparition du cancer du sein[192,194]. Néanmoins, d'autres observations ne font pas état de tels effets[196-197]. Une étude française récente a démontré que plus les niveaux d'oméga-3 dans les tissus adipeux sont élevés, plus le risque d'être atteint de cancer du sein serait faible[198]. Toutefois, cette étude doit être abordée avec réserve, car les auteurs n'ont pas pris en considération des facteurs comme le tabagisme et la consommation d'alcool, associés à un risque accru de cancer du sein. Une étude menée en Nouvelle-Zélande a dévoilé que les hommes qui présentaient un taux sanguin plus élevé en EPA ou en DHA avaient 60 % moins de risque d'être atteints du cancer de la prostate que ceux montrant des taux plus faibles[199]. Récemment, une étude conduite en Suisse, dans laquelle 6 272 hommes ont été suivis durant 30 ans, a révélé que ceux qui ne consommaient pas de poisson avaient une fréquence de cancer de la prostate 2 à 3 fois plus élevée que ceux qui en consommaient modérément[200]. Les auteurs de cette vaste recherche ont suggéré que la consommation de poisson pourrait être associée à une diminution du risque du cancer de la prostate.

Troisième partie : les contaminants dans la chair de poisson et le poisson d'élevage

«Quand le dernier arbre sera abattu, la dernière rivière empoisonnée, le dernier poisson capturé, alors seulement vous vous apercevrez que l'argent ne se mange pas.» Prophétie d'un indien Cri

3.1. Les contaminants dans la chair de poisson

Le texte qui suit est une adaptation de l'article «Les produits du Saint-Laurent : doit-on s'inquiéter de leur qualité?» publié dans la revue L'Omnipraticien du 15 juin 2000 par Claire Laliberté et Jacques Grondin, chercheurs de l'Unité de recherche en santé publique du Centre de recherche du CHUL (CHUQ). L'adaptation de cet article a été rendue possible grâce à l'autorisation des auteurs.

Dans le poisson, les contaminants prioritaires sont le mercure et les organochlorés (BPC, DDT, Mirex, dioxines et furannes). Le mercure est un métal lourd que l'on retrouve à l'état naturel dans l'environnement (roches, croûte terrestre, volcans, feux de forêt, évaporation océanique, etc.). Il peut aussi provenir de sources polluantes (combustion de produits pétroliers, incinération de déchets, raffinage de métaux, activités minières ou procédés industriels, etc.) ou à la suite d'une inondation d'une grande quantité de matières organiques terrestres, lors de la construction d'un réservoir hydroélectrique par exemple. En milieu aquatique, le mercure est transformé en méthylmercure par l'action de micro-organismes. Ainsi, il se lie aux particules minérales et organiques en suspension dans l'eau, au plancton et aux insectes qui vivent à l'interface eau-sédiment. Sa concentration augmente à chaque maillon de la chaîne alimentaire. Les poissons qui se nourrissent d'autres poissons (les piscivores) accumulent davantage de méthylmercure que ceux qui se nourrissent d'insectes ou de plancton. Les concentrations augmentent également en fonction de la taille, de l'âge et du taux de croissance des poissons. Le mercure se retrouve à des degrés divers dans la chair de poisson alors que les organochlorés, de par leur propriété lipophile (substance qui a de l'affinité pour les graisses), se retrouvent plutôt dans les graisses. Ils sont tous deux susceptibles de s'intégrer à la chaîne alimentaire étant donné leur pérennité et leur potentiel de bio-accumulation. Ces produits traversent la barrière placentaire. Ainsi, les fœtus sont indirectement et temporairement exposés aux organochlorés et au méthylmercure lorsque la mère consomme en quantité importante des poissons dont le contenu en mercure et en organochlorés est élevé.

Les effets sur la santé d'une exposition au mercure sont connus depuis l'épisode dramatique de contamination par du chlorure de mercure de la baie de Minamata (Japon) au milieu des années 1950. La consommation de poisson très contaminé avait alors provoqué le décès d'une centaine de personnes. Actuellement, les recherches examinent le potentiel neurotoxique du méthylmercure sur le fœtus. On croit que l'exposition aux composantes organochlorées peut engendrer différents types de maladies, dont le cancer, et avoir des effets sur les systèmes reproducteurs, nerveux et immunitaires. Toutefois, le rôle de ces substances dans la pathogenèse du cancer, qu'il s'agisse du cancer du sein, de la prostate ou des testicules, n'est pas clair et les résultats des études épidémiologiques se sont révélés jusqu'à maintenant contradictoires. Les conséquences d'une exposition aux composés organochlorés dans la détérioration de la fertilité masculine ont également été examinées au cours des dernières années. Les études récentes ne permettent pas non plus d'établir de preuves convaincantes quant à leur responsabilité dans la diminution de la fertilité masculine. Quant aux effets neurologiques, quelques-uns ont été attribués à une exposition prénatale à certains organochlorés et au mercure. Parmi ceux-ci, on remarque une diminution du poids et de la taille à la naissance, l'affaiblissement de certains réflexes, ainsi qu'une baisse du tonus musculaire, du niveau d'activité et de réactivité aux stimulus environnementaux. Un retard dans le développement psychomoteur au cours des deux premières années et une altération de la capacité cognitive pendant la petite enfance ont également été notés. Leur impact sur l'apprentissage reste toutefois à préciser. Par ailleurs, certaines études récentes réalisées auprès de différentes populations consommatrices de poisson ne rapportent pas toutes les mêmes effets. Finalement, les organochlorés et le méthylmercure pourraient affecter le système immunitaire, particulièrement au cours des stades fœtaux et de développement chez le nourrisson. Les études épidémiologiques indiquent une augmentation des taux d'infections et une modification du nombre de cellules immunitaires chez des populations très exposées aux organochlorés et au mercure.

Contrairement à d'autres types d'exposition où les seuls effets démontrés sont nocifs pour la santé, l'exposition au mercure et aux composés organochlorés dont la source est la consommation de poisson s'accompagne parallèlement d'avantages bénéfiques pour la personne qui en consomme. Outre le fait que le poisson présente une faible teneur en cholestérol et en gras, tout en constituant une source appréciable de vitamines et de minéraux, dont la vitamine D et le sélénium (ce dernier aurait des propriétés antagonistes face au mercure), le poisson renferme des quantités importantes d'acides gras oméga-3. L'évaluation comparative des effets nocifs et bénéfiques de la consommation de poisson a entraîné des changements d'orientation de la part des autorités de santé publique face aux recommandations alimentaires. Récemment, le ministère de la Santé et des Services sociaux (MSSS), en collaboration avec le ministère de l'Agriculture, des Pêcheries et de l'Alimentation (MAPAQ) et le ministère de l'Environnement du Québec, a produit un dépliant « Connaissez-vous les oméga-3 ? » s'adressant au grand public pour faire le point sur les risques et les avantages reliés à la consommation de poisson. On y expose en termes simples les nouvelles recommandations qui prévalent pour la grande partie du territoire québécois. Pour la plupart des pêcheurs sportifs qui consomment de façon occasionnelle leurs prises, il n'y a aucune restriction. Pour ceux qui consomment le poisson d'eau douce sur une base régulière ou fréquente, le grand corégone, l'omble de fontaine, l'éperlan arc-en-ciel et l'alose savoureuse peuvent être consommés sans réserve. Des limites sont proposées pour des espèces comme la barbotte, le crapet, l'esturgeon, la lotte, le meunier ou la perchaude (une fois par semaine), ainsi que pour les espèces prédatrices comme le doré, le brochet, l'achigan, le maskinongé et le touladi (deux fois par mois). Par contre, pour les femmes enceintes ou celles qui allaitent, on recommande de limiter la consommation aux espèces les moins contaminées, par exemple le grand corégone, l'omble de fontaine et autres truites (sauf la truite grise ou touladi), ainsi que l'éperlan arc-en-ciel, le saumon atlantique, le poulamon et l'alose savoureuse. Puisqu'elles contiennent habituellement de faibles taux de mercure et d'organochlorés, les espèces marines sont fortement conseillées. Il est également utile de rappeler que même si la majorité des parasites retrouvés dans le poisson ne représentent pas de danger pour la santé, il est toujours préférable de bien faire cuire le poisson avant de le consommer.

Récemment, Santé Canada a émis un avis concernant la consommation de requin, d'espadon et de thon à chair rouge frais et congelé, et conseille aux Canadiens de : « ... limiter leur consommation de requin, d'espadon et de thon à chair rouge frais et congelé à un repas par semaine. Les femmes enceintes ou en âge de procréer, ainsi que les jeunes enfants, ne devraient pas en consommer plus d'une fois par mois. Il importe de souligner que ces mises en garde ne s'appliquent pas au thon en conserve. Les concentrations de mercure dans le thon en conserve sont habituellement bien inférieures à la limite recommandée, soit 0,5 mg/kg ».

3.2 Le poisson d'élevage

Chez les environnementalistes et pourfendeurs de la « malbouffe », l'élevage des animaux soulève de nombreuses interrogations[201]. En fait, on se questionne sur l'utilisation de farine animale, l'usage de colorants (certains caroténoïdes) pour donner la couleur orangée au poisson, l'usage abusif d'antibiotiques, ou encore l'impact négatif de tels élevages sur l'environnement. Concernant la controverse sur le poisson d'élevage, il est essentiel de rappeler que son existence est principalement due à la surexploitation de la ressource par l'espèce humaine. À cela, ajoutons que l'élevage du poisson a permis de combler une demande de plus en plus grande alors que les stocks de poisson sauvage continuent de chuter partout à travers le monde. Le développement de l'aquaculture a eu des impacts positifs sur bien des aspects de notre vie quotidienne, entre autres, l'accessibilité à un approvisionnement sûr et durable[4]. Grâce à celle-ci, nous pouvons désormais bénéficier de prix nettement plus bas. De plus, elle comporte des avantages économiques considérables procurant un nombre croissant d'emplois aux personnes vivant en milieu rural.

Il semble impossible de parler du poisson d'élevage sans aborder la polémique entourant le contenu en acides gras oméga-3 dans la chair du saumon d'élevage. Autrefois pêché dans l'océan Atlantique, le saumon sauvage était vendu tel quel dans les poissonneries du Québec. Maintenant, qu'il soit en darne, en filet ou fumé, le saumon atlantique que nous retrouvons au marché est issu strictement de l'élevage. Pour vous procurer du saumon sauvage, il vous faudra soit aller le pêcher vous-même dans les rivières ou compter sur des amis qui sont suffisamment généreux pour accepter de partager leurs prises avec vous. Est-ce que le saumon d'élevage possède des oméga-3 dans sa chair ? Voilà une question que beaucoup de gens se posent. Comme vous le savez maintenant, la teneur en oméga-3 des tissus varie selon la teneur en oméga-6 et oméga-3 dans l'alimentation. Il en va de même pour le saumon. L'alimentation du saumon d'élevage dépend largement du prix de la nourriture. Conséquemment, le niveau d'oméga-3 dans le saumon d'élevage varierait selon la période où vous effectuez vos analyses et chez le producteur qui vous approvisionne. Il est important de souligner que le niveau d'oméga-3 dans la chair des espèces sauvages varierait également selon le lieu et le moment de la pêche. En fait, la réponse est loin d'être claire. D'autant plus que les études rigoureuses, surtout celles avec un nombre considérable d'échantillons, sont rares dans ce domaine. Donc, il serait hasardeux de présenter une estimation chiffrée incontestable. Il est cependant inexact d'affirmer que le saumon atlantique d'élevage ne contiendrait pas d'oméga-3, si l'on se fie aux valeurs dans la table de composition des aliments du département de l'agriculture des États-Unis, qui démontrent qu'il renfermerait une quantité importante d'EPA et de DHA (4,4 g/portion de 230 g)[202]. Toutefois, à titre indicatif, le saumon d'élevage contiendrait beaucoup plus de matières grasses et d'oméga-6 que le saumon sauvage. Finalement, le saumon d'élevage renfermerait, en quantité absolue, plus d'EPA et de DHA, mais contiendrait, en pourcentage des matières grasses, moins d'EPA et de DHA (18 %) que celui dit sauvage (23 %). Tout compte fait, le saumon atlantique d'élevage constitue encore un excellent choix pour votre santé et pour enrichir vos tissus en HUFA de la famille des oméga-3.

Quatrième partie : à table, il y a du poisson pour tous
« Imposer sa volonté aux autres, c'est force. Se l'imposer à soi-même, c'est force supérieure. » Lao Tseu

4.1 Recommandations

Selon les spécialistes de la Société internationale pour l'étude des acides gras et lipides (ISSFAL), les messages sur la nutrition actuels n'incitent pas suffisamment la population à combler ses besoins quotidiens en acides gras essentiels (AGE) et à atteindre un ratio idéal d'acides gras oméga-6/oméga-3[97]. Les consommateurs devraient être mieux renseignés sur l'importance des acides gras dans leur alimentation, notamment les HUFA de la famille des acides gras oméga-3, et sur les aliments fournissant les AGE. De plus, la mode du «faible en gras» domine toujours dans nos sociétés nord-américaines. Ainsi, les gens craignent les matières grasses et oublient souvent que certains lipides sont essentiels pour leur santé. La faible prévalence des MCV observée chez la population inuite de même que chez les populations asiatiques a été en partie expliquée par la consommation élevée de poisson ou de mammifères marins riches en HUFA de la famille des oméga-3. On a également constaté dans diverses études que ces HUFA pouvaient prévenir les risques de MCV et aussi diminuer la mortalité cardiovasculaire chez des patients ayant subi un infarctus du myocarde. Ces mêmes HUFA auraient aussi un effet préventif contre d'autres affections, telles que l'hypertension, l'arthrite rhumatoïde, les troubles neurologiques, certains types de cancer, l'accouchement prématuré et le faible poids à la naissance.

Selon les Apports nutritionnels recommandés (ANR) de Santé Canada, les acides gras oméga-6 et oméga-3 devraient fournir respectivement au moins 3 % et 0,5 % de l'apport énergétique[203]. D'après les données de l'Enquête Santé Québec (1990), les Québécois combleraient leurs besoins journaliers en acides gras oméga-6 et oméga-3[18]. Toutefois, leur ratio n'a pas été calculé dans cette enquête. Faits importants à noter, au Canada, on ne fait pas de distinction entre les oméga-3 d'origine végétale et marine dans les ANR. D'autre part, la British Nutrition Foundation (BNF, 1992) et les spécialistes, regroupant les membres des instituts nationaux de la santé (NIH) et de l'ISSFAL (NIH/ISSFAL), font cette distinction. En effet, ils recommandent deux fois plus d'acide alpha-linolénique (ALA, 18:3n-3) que les ANR de Santé Canada, c'est-à-dire un apport journalier de 1 % des calories. De plus, les spécialistes du BNF et du NIH/ISSFAL recommandent respectivement que l'apport journalier en HUFA de la famille des oméga-3 (EPA + DHA) devrait être de 0,5 % et de 0,3 %[5,97]. En tenant compte des recommandations de la BNF et du NIH/ISSFAL, les Québécois auraient des apports en ALA inférieurs à ces recommandations. D'après les données du rapport de l'Enquête Santé Québec (1990), l'apport en ALA chez les Québécois correspondrait à 0,7 % de l'apport énergétique. Par ailleurs, l'apport en EPA et en DHA serait quatre à sept fois plus faible chez les Québécois (estimé à environ 170 mg/2 100 kcal/jour) que les apports recommandés par le NIH/ISSFAL et le BNF (700-1 167 mg/2 100 kcal/jour).

Malheureusement, plusieurs personnes choisissent par inadvertance des aliments contenant peu d'oméga-3, mais une quantité abondante d'oméga-6. Il faut ajouter à cela que l'industrie agroalimentaire a favorisé le développement de tels produits depuis de nombreuses années[204]. En effet, l'ALA est beaucoup plus susceptible de s'oxyder que l'AL. Conséquemment, l'industrie a favorisé la mise en marché de produits contenant peu d'ALA afin de minimiser le rancissement lors de l'entreposage. De plus, dans les années 1950 et 1960, de nombreuses études ont conclu que les huiles riches en AL, entre autres l'huile de maïs et de coton, pouvaient réduire le niveau de cholestérol sanguin. Dans un effort pour le réduire, les huiles pour consommation humaine sont devenues de plus en plus riches en AL et faibles en ALA. Elles sont donc devenues déficientes en acides gras oméga-3, pourtant nécessaires aux nerfs et au cerveau.

Il existe un contraste important entre les ANR de Santé Canada et la recommandation du NIH/ISSFAL concernant l'AL[97,203]. Santé Canada recommande une consommation supérieure à 3 % de l'apport énergétique, alors que le NIH/ISSFAL fixe 3 % comme étant l'apport maximal à ne pas dépasser. De plus, des discussions ont été amorcées au sein des spécialistes de l'ISSFAL concernant la désignation AGE. En fait, on s'interroge sur la pertinence de nommer l'AL comme étant un AGE pour les adultes puisque ceux-ci disposent d'environ 1 kilo (2,2 lb) d'AL dans leurs réserves de gras corporels. Selon l'Enquête Santé Québec (1990), la consommation des Québécois en acides gras oméga-6, plus spécifiquement en AL, serait supérieure à 4 % de l'apport énergétique[18]. Ainsi, les Québécois combleraient leurs besoins quotidiens en AL. Il est également important de noter que cette enquête a été réalisée il y a plusieurs années. Par conséquent, l'alimentation des Québécois a probablement changé depuis 1990[18]. D'ailleurs, il y a lieu de croire que l'apport en AL et ALA a considérablement augmenté au cours des dernières années puisque la disponibilité de l'huile de soya a aussi énormément augmenté. En outre, elle a beaucoup été utilisée comme matière grasse dans la confection de divers produits alimentaires (vinaigrettes, mayonnaises, margarines, pâtisseries, etc.). En effet, de 1909 à 1999, la disponibilité de l'huile de soya pour consommation humaine a augmenté de 1 000 fois aux États-Unis, passant de 0,009 à 11,4 kg/personne/année (0,02 à 25 lb/personne/année)[205]. Rappelons que l'huile de soya possède un ratio oméga-6/oméga-3 élevé et qu'une simple cuillère à table (15 ml) contient huit fois plus d'oméga-6 que d'oméga-3, soit 6,9 g d'AL et 0,9 g d'ALA[202]. À noter qu'une quantité élevée d'AL dans l'alimentation concurrence l'ALA au niveau de la conversion en HUFA. Plus vous consommez d'oméga-6, plus les HUFA accumulés dans vos tissus seront de la famille oméga-6. Vos graisses corporelles constituent également un vaste réservoir d'acides gras qui se mixent continuellement dans le sang avec vos apports alimentaires quotidiens[213]. Donc, pour contrecarrer cette « pression excessive » des oméga-6, vous devrez consommer régulièrement plus d'oméga-3 (d'origine végétale et marine) et également diminuer votre apport en oméga-6.

Les récents avis du groupe d'experts du NIH/ISSFAL rassemblent donc les recommandations les plus récentes sur les apports en acides gras oméga-6 et oméga-3 (Tableau 1, p. 37). Ils suggèrent que les adultes doivent consommer quotidiennement 2,4 g d'ALA (1 cuillère à table de graines de lin moulues ou 1 cuillère à thé d'huile de lin ou 1 cuillère à table de *Linolive*) et 0,73 g de EPA et de DHA, pour un apport de 2 200 kilocalories par jour. Cet apport en EPA et en DHA représente une consommation hebdomadaire d'environ deux repas de poisson riche en oméga-3 par semaine (portion de 230 g ou 8 oz). Une portion de 230 g de poisson équivaut, en terme de dimension, à la grosseur de deux jeux et demi de cartes conventionnels. Les principales sources alimentaires de HUFA de la famille oméga-3 sont : le saumon, le hareng, le maquereau bleu, le flétan du Grœnland, la sardine et le thon (Tableau 2, p.38). Il est vrai que le poisson, les crustacés et les mollusques, qui sont très faibles en gras, contiennent moins d'oméga-3 que les poissons mentionnés précédemment, mais ils en fournissent toutefois une quantité non négligeable.

En somme, vous devrez augmenter vos apports quotidiens en oméga-3 d'origine végétale et marine tout en faisant attention de ne pas trop consommer d'acides gras oméga-6. Notons par ailleurs qu'en consommant une seule cuillère à table d'huile de maïs ou de soya vous dépassez votre limite maximale quotidienne en acides gras oméga-6, limite qui a été établie selon l'apport calorique à 6,7 g pour les femmes et à 8,3 g pour les hommes. Malgré un ratio oméga-6/oméga-3 de 13,4, l'huile d'olive ne contient qu'un gramme d'oméga-6 par cuillérée à table. De plus, sa teneur élevée en acides gras monoinsaturés (72,5 %) en fait une huile idéale pour la cuisson. Si vous l'utilisez comme huile pour vos vinaigrettes, vous pouvez y ajouter un peu d'huile de lin afin d'augmenter le niveau d'oméga-3 et ainsi améliorer le ratio oméga-6/oméga-3. Il est également idéal de préparer une quantité importante de ce mélange *Linolive*, afin de toujours en avoir à portée de la main : dans une bouteille en verre opaque de 500 ml (2 tasses), mélanger 125 ml (1/2 tasse) d'huile de lin et 375 ml (1 1/2 tasse) d'huile d'olive, à conserver au réfrigérateur et à ne pas chauffer.

Tableau 1 : apports adéquats en acides gras oméga-6 et oméga-3 pour les adultes*

Acides gras	% énergie	Hommes (25-74 ans) g/jour/2 500 kcal	Femmes (25-74 ans) g/jour/2 000 kcal
AL Limite supérieure	2,0 3,0	5,6 8,3	4,4 6,7
ALA	1,0	2,8	2,2
EPA + DHA	0,3	0,8	0,7
DHA minimum§	0,1	0,3	0,2
EPA minimum	0,1	0,3	0,2

AL : acide linoléique (18:2n-6); ALA : acide alpha-linolénique (18:3n-3); EPA : acide eicosapentanoïque (20:5n-3); DHA : acide docosahexnoïque (22:6n-3).

§ *Pour les femmes enceintes ou allaitantes, un apport minimal en DHA de 0,3 g/jour est à favoriser.*

*Source : Simopoulos, AP., Leaf, A., Salem, N. Jr. Workshop statement on the essentiality of and recommended dietary intakes for Omega-6 and Omega-3 fatty acids. Prostaglandins Leukot Essent Fatty Acids 2000;63(3):119-21. Internet : http://www.issfal.org.uk/adequateintake.htm

Tableau 2 : contenu en acides gras oméga-6 et oméga-3 des poissons, des crustacés, des mollusques, et des huiles végétales, par portion

Aliments	Portion	% M.G.	Oméga-6 totaux (g/portion)	Oméga-3 totaux (g/portion)	ALA (g/portion)	EPA + DHA (g/portion)	Ratio oméga-6 / oméga-3
Poissons							
Maquereau bleu, cru	230 g	13,9	0,92	6,14	0,36	**5,29**	0,15
Saumon atlantique (élevage), cru	230 g	10,8	4,00	4,73	0,22	**4,40**	0,84
Saumon rose, en conserve	230 g	6,0	0,32	4,35	0,13	**3,79**	0,07
Truite grise*, crue	230 g	9,7	ND	ND	0,92	**3,68**	ND
Hareng atlantique, cru	230 g	9,0	0,44	3,98	0,24	**3,61**	0,11
Saumon atlantique (sauvage), cru	230 g	6,3	1,01	4,64	0,68	**3,30**	0,22
Thon à chair blanche, en conserve dans l'eau, égoutté	230 g	3,0	0,34	3,22	0,23	**2,78**	0,11
Saumon sockeye, en conserve	230 g	7,3	1,06	3,29	0,21	**2,66**	0,32
Thon à chair rouge, cru	230 g	4,9	0,22	2,98	0	**2,33**	0,07
Saumon rose, cru	230 g	3,4	0,29	4,60	0,08	**2,31**	0,06
Truite arc-en-ciel (élevage), crue	230 g	5,4	1,69	2,27	0,13	**2,13**	0,74
Flétan du Grœnland, cru	230 g	13,8	0,42	2,42	0,10	**2,11**	0,18
Sardine, en conserve dans la sauce tomate	**100 g**	12,0	0,48	1,94	0,27	**1,60**	0,25
Espadon, cru	230 g	4,0	0,22	1,90	0,43	**1,47**	0,12
Loup atlantique, cru	230 g	2,4	0,25	1,55	0,02	**1,43**	0,16
Hareng atlantique, mariné	**100 g**	18,0	0,21	1,47	0	**1,40**	0,14
Sardine, en conserve dans l'huile	**100 g**	11,4	3,54	1,61	0,50	**0,98**	2,20
Truite mouchetée*, crue	230 g	2,7	ND	ND	0,46	**0,92**	ND
Flétan (atlantique ou pacifique), cru	230 g	2,3	0,39	1,20	0,15	**0,83**	0,32
Sébaste, cru	230 g	1,6	0,07	0,85	0,13	**0,67**	0,09
Plie ou sole, crue	230 g	1,2	0,10	0,58	0,02	**0,46**	0,18
Saumon chinook, fumé	**100 g**	4,3	0,47	0,52	0	**0,45**	0,91
Morue, crue	230 g	0,7	0,06	0,45	0	**0,42**	0,14
Crustacés et mollusques							
Imitation de crabe (surimi)	230 g	1,3	0,08	1,45	0,02	**1,39**	0,06
Crevettes, crues	230 g	1,7	0,26	1,24	0,03	**1,10**	0,21
Moules bleues, crues	230 g	2,2	0,20	1,11	0,05	**1,01**	0,18
Crabe des neiges†, cuit	230 g	0,75	0,11	0,82	0,002	**0,79**	0,13
Homard d'Amérique†, cuit	230 g	0,92	0,11	0,8	0,01	**0,76**	0,14
Palourdes, en conserve, égouttées	230 g	2,0	0,26	0,98	0,02	**0,68**	0,27
Huîtres d'élevage, crues (nb. = 6)	**84 g**	1,6	0,05	0,37	0,04	**0,33**	0,14
Pétoncles, crus	230 g	0,8	0,03	0,22	0	**0,20**	0,12
Huiles							
Huile de lin	15 ml	100	2,18	**7,75**	7,75	-	0,28
Graines de lin	15 ml	34	0,52	**2,18**	2,18	-	0,24
Huile *Linolive* (1/4 lin + 3/4 olive)	15 ml	100	1,35	**2,02**	2,02	-	0,67
Huile de canola	15 ml	100	2,84	**1,32**	1,32	-	2,15
Huile de soya	15 ml	100	6,94	**0,92**	0,92	-	7,5
Huile d'olive	15 ml	100	1,07	**0,08**	0,08	-	13,4
Huile de maïs	15 ml	100	7,89	**0,10**	0,10	-	78,9
Huile de tournesol	15 ml	100	5,41	**0,03**	0,03	-	180
Huile de carthame	15 ml	100	10,1	**0,01**	0,01	-	1010

M.G. : Matières grasses; ALA : acide alpha-linolénique (18:3n-3); EPA : acide eicosapentanoïque (20:5n-3); DHA : acide docosahexanoïque (22:6n-3); AA : acide arachidonique (20:4n-6); DPA : acide docosapantanoïque (20:5n-3); Oméga-6 totaux : AL + AA; Oméga-3 totaux : ALA + EPA + DPA + DHA
*Source : US Department of Agriculture Nutrient Database[202] *Données issues de Hepburn (1986)[206].*
†Données issues de Blanchet (2003)[215].

La consommation de poisson est des plus importantes pour les femmes en âge de procréer. De fait, l'apport en HUFA, plus particulièrement l'AA et le DHA, est crucial pour le développement normal du fœtus. Le développement de son système nerveux, les fonctions de sa rétine, de son système vasculaire, de ses habilités cognitives et d'apprentissage peuvent être affectés défavorablement si cet apport s'avère inadéquat[5]. Il est donc primordial que les apports en AGE et en HUFA (AA et DHA), durant la préconception, satisfassent les besoins journaliers de la femme en âge de procréer afin qu'elle puisse emmagasiner suffisamment de gras pour le début de sa grossesse, période où l'appétit peut être affecté.

Au cours des dernières années, la prééminence de l'allaitement par rapport à toute autre forme d'alimentation du nourrisson, de la naissance à six mois, a été démontrée par diverses études[207, 208]. En effet, on a noté de multiples avantages nutritionnels et physiologiques de l'allaitement maternel pour le nourrisson. Il faudrait donc toujours préconiser le lait maternel lorsque cela est possible. Cependant, il est parfois impossible d'allaiter son enfant, même avec la meilleure volonté du monde. Alors, il faudra recourir à une formule maternisée. Bien qu'il n'existe pas encore de consensus internationaux à l'effet que les formules maternisées doivent absolument contenir des HUFA (AA et DHA), sauf pour les prématurés, les chercheurs du NIH/ISSFAL recommandent que l'AA et le DHA représentent 0,5 % et 0,35 % du pourcentage en matières grasses des formules maternisées[97]. D'autre part, un rapport d'experts de l'OMS et de la FAO a statué que les formules maternisées, pour les prématurés et les enfants nés à terme, devraient imiter le plus possible le lait maternel, donc idéalement contenir de l'AA et du DHA[34]. Les prématurés (< 37 semaines) et les enfants de faible poids (< 2 500 g) sont plus à risque de souffrir de retard au niveau du développement mental et psychomoteur. Étant donné que les prématurés devraient être encore dans le ventre de leur mère et par conséquent être nourris par le biais du placenta, ils devraient absolument recevoir comme nourriture du lait maternel ou une formule maternisée contenant des HUFA (AA et DHA). D'ailleurs, le rapport d'experts du FAO et de l'OMS recommande que ces enfants prématurés reçoivent quotidiennement 60 mg d'AA et 40 mg de DHA par kilogramme (2,2 lb) selon leur poids[34]. Finalement, il est essentiel de mentionner qu'il n'y a jamais eu, il n'y a pas et il n'y aura jamais de formules maternisées qui équivaudront au lait maternel. Chaque ajout d'un nouvel ingrédient aux formules maternisées est un aveu public de la défaillance des formules précédentes.

4.2 Le divin poisson

Il est important de prendre en considération qu'une majorité des études sur les oméga-3 ont été réalisées grâce à l'utilisation de capsules d'huiles de poisson. En effet, il est plus pratique dans le cadre d'un projet de recherche, et surtout dans un temps restreint, d'inciter les gens à consommer des capsules plutôt que de leur demander d'augmenter subitement et quotidiennement leur consommation de poisson riche en oméga-3. Gardez cependant à l'esprit que le poisson contient bien plus d'éléments nutritifs que toutes les capsules vendues sur le marché. De plus, la consommation d'une capsule contenant des oméga-3 ne remplacera pas le bœuf, le porc ou les repas-minute (fast-food). Par ailleurs, des analyses de la chair de poisson du fleuve Saint-Laurent, plus particulièrement du lac Saint-Pierre, ont démontré que les poissons constituent non seulement une excellente source d'oméga-3, mais aussi de protéines, de vitamine D, de sélénium, ainsi que d'autres minéraux[209]. Ils sont également faibles en lipides totaux, en graisses saturées et en cholestérol.

Tout compte fait, l'être humain est désormais confronté à une multitude de produits alimentaires et de lieux d'approvisionnement, ainsi qu'à une somme incommensurable d'information à l'égard de la nutrition et de la santé. Bien s'alimenter et bien choisir commence nécessairement par le lever du voile de l'ignorance et passe évidemment par les connaissances. Cependant, les approches préconisées par les thérapeutes et les instances gouvernementales visent plus particulièrement à agir sur les comportements individuels. Malheureusement, ces conseils ne sont pas nécessairement les plus efficaces, d'autant plus que les campagnes publicitaires sur la nutrition, hormis celles du bureau laitier et des géants de la restauration rapide, ressemblent plutôt au petit catéchisme. De plus, peu d'études ont été réalisées pour connaître les facteurs psychosociaux qui motivent les choix alimentaires des Québécois (par exemple, les gens ne décident pas de perdre du poids pour des raisons de santé, mais pour des questions esthétiques)[210]. Comment pensent-ils être en mesure de toucher la population et de modifier leurs habitudes alors que leurs messages rivalisent directement avec ceux de gens qui connaissent bien les facteurs psychosociaux et qui ont les moyens financiers de promouvoir leurs produits à l'aide de personnalités connues (comme Claude Meunier faisant la promotion de boissons gazeuses)?

Il existe plusieurs pratiques favorisant le changement des comportements humains relatifs à la santé, dont l'action politique, l'organisation communautaire, les changements organisationnels, etc.[211]. En fait, il serait plus pertinent de solutionner la question suivante : comment améliorer la diversité et la disponibilité du poisson dans notre environnement (dans les supermarchés, les restaurants, les écoles, les garderies, les cafétérias et les hôpitaux)? Par ailleurs, il serait intéressant de comparer les budgets consacrés à la promotion de la consommation de poisson avec ceux consacrés à la promotion du porc ou du bœuf. À noter également que nous assistons dans notre société nord-américaine à une épidémie industrielle de plus en plus accablante. Il est désormais bien plus facile de se procurer une boisson gazeuse, des croustilles ou un repas rapide (fast-food) que des aliments sains, comme du poisson, des fruits et légumes provenant du Québec. Afin de parvenir à améliorer la santé de la population par l'alimentation, notre société n'aura d'autres choix que d'orienter ses actions vers un changement radical de son environnement alimentaire. Ces propos vont dans le même sens que ceux de Maurice Strong, président de la Banque mondiale, lors du Sommet de la terre de Johannesburg, qui mentionnait : «C'est par l'activité économique que nous endommageons notre environnement. C'est donc elle qu'il faut réformer». Par conséquent, on devra assurer une présence accrue de produits marins en imaginant des incitatifs à la production, à l'élaboration, à la transformation et à la consommation. En terminant, comme le disait si bien Trevor Hancock : «Le défi n'est pas de décider quels changements il faut apporter. Ceux-ci sont connus depuis longtemps. En revanche, il s'agit de mettre en pratique ce que nous savons déjà».

Des huiles de poisson?

Connu comme un aliment très complet, le poisson contient des acides gras bien particuliers, des acides gras hautement insaturés de la famille oméga-3, sujet principal de ce livre.

Nous connaissons tous l'importance d'une saine alimentation afin de combler les besoins de l'organisme pour son bon fonctionnement. Consommer du poisson deux à trois fois par semaine fait partie des habitudes alimentaires que nous devrions acquérir. Évidemment, on ne peut imposer ce changement, mais quoi qu'on en pense, nous sommes tous responsables de notre santé. Nourrir adéquatement les Québécois, voilà un défi de taille pour les professionnels dans le domaine de la santé. Lorsqu'on prend conscience de la croissance démographique, de l'espérance de vie, des coûts de santé et que l'on constate les bienfaits que peut apporter une consommation régulière de poisson, il semble impératif de sensibiliser la population à ce sujet. On pourrait espérer et croire que par des campagnes de prévention, nous pourrions profiter d'une diminution des coûts des soins de santé.

Nous sommes bien loin du temps où l'apothicaire, dans son laboratoire, concoctait des remèdes pour soigner les gens. La science progresse à grands pas, les médicaments sont de plus en plus performants et les informations sur les nouveaux produits se multiplient. Malgré tout cela, il y a de plus en plus de maladies cardiovasculaires, de diabète et d'obésité. Les gens dépensent des sommes d'argent considérables pour perdre du poids. Ils consultent diverses sources d'information en espérant atteindre un poids idéal de façon quasi miraculeuse. Ne serait-il pas plus efficace de les renseigner sur les aliments qu'ils devraient privilégier? L'alimentation revêt une importance capitale pour notre bien-être mais, compte tenu de la multiplication de l'information, nous sommes submergés de propos erronés et de mythes à cet égard. Ainsi, il est essentiel que les gens reçoivent une information juste, et ce, de la part des professionnels de la nutrition, soit les nutritionnistes-diététistes. En fait, il est important d'éduquer la population en matière d'alimentation afin qu'elle puisse faire de bons choix. Il semble donc urgent de travailler en étroite collaboration avec les diététistes-nutritionnistes. Il serait temps de leur aménager une place dans nos pharmacies puisque c'est là que nous avons la chance d'intervenir en première ligne dans le réseau de la santé. En tenant compte des modifications au régime alimentaire et de l'assiduité au traitement prescrit pour certaines maladies, lorsque c'est le cas, nous aurions sûrement dans le futur des résultats plus quantifiables et qualitatifs sur l'état de santé de notre population.

Le groupe d'experts du NIH/ISSFAL suggère que les hommes et les femmes consomment, respectivement, 0,8 et 0,7 g d'acide eicosapentanoïque (EPA) (20:5n-3) et d'acide docosahexanoïque (DHA) (22:6n-3) par jour (800 et 700 mg par jour) (voir Tableau 1, p. 37). Cet apport représente une consommation hebdomadaire d'EPA et de DHA de 5,6 et de 4,9 g (5 600 et 4 900 mg par semaine). Pour l'atteindre, il vous faudra consommer environ deux repas de poisson riche en oméga-3 par semaine (portion de 230 g ou 8 oz). Rappelons qu'une portion de 230 g de poisson équivaut, en termes de dimension, à la grosseur de deux jeux et demi de cartes conventionnels. Pour diverses raisons, il peut s'avérer ardu d'atteindre les apports d'oméga-3 recommandés quotidiennement par les spécialistes. Ainsi, un supplément alimentaire pourrait combler cette lacune, tout comme les suppléments d'huiles. Il est toutefois important de noter, comme le mentionne Michel Lucas, que le poisson contient bien plus d'éléments nutritifs que toutes les capsules vendues sur le marché. De plus, la consommation d'une capsule contenant des oméga-3 ne viendra pas annuler les écarts alimentaires comme la surconsommation de bœuf, de porc ou de repas-minute. Maintenir l'équilibre a toujours été difficile pour l'humain puisqu'il nécessite un effort et une remise en question quotidienne. L'équilibre dans l'apport en acides gras oméga-6 et oméga-3 a été rompu depuis plusieurs années dans l'alimentation de nos sociétés contemporaines. Bien des facteurs sont à l'origine de ce déséquilibre. Il n'en demeure pas moins que nos tissus sont trop riches en oméga-6 et trop faibles en oméga-3. De plus, quotidiennement nous continuons de surconsommer des produits fournissant majoritairement des oméga-6. Fait important à noter, il existe bien peu de sources alimentaires dont le contenu est plus élevé en oméga-3 qu'en oméga-6. Du côté végétal, il y a l'huile et les graines de lin, et dans les espèces animales, on retrouve les poissons et les mammifères marins.

Produits offerts sur le marché québécois

Les huiles de poisson sont la plupart du temps offertes en capsules de 500 mg ou de 1 000 mg et contiennent principalement de l'huile de saumon. Celles contenant de l'huile de poisson, thon, maquereau, sardine, anchois ou morue (foie), peuvent aussi s'avérer de bons choix. La plupart de ces huiles offertes sur le marché sont constituées de triglycérides qui renferment habituellement 18 % d'EPA et 12 % de DHA. Il existe également des huiles de poisson dont le contenu en acides gras a été modifié par des procédés biochimiques. En fait, on y a concentré les taux d'EPA et de DHA. Certains de ces produits contiennent plus de 30 % d'EPA et de 20 % de DHA. Ils sont toutefois rares sur le marché canadien, et sont aussi plus coûteux en raison des procédés de transformation. On peut de même retrouver de la chair de poisson lyophilisée, c'est-à-dire séchée à froid. En plus des matières grasses contenues dans le poisson, on retrouve également dans ces formules des protéines et des antioxydants.

Posologie et administration

Pour éviter les problèmes d'éructations (rots) et diminuer les désagréments digestifs, il est recommandé de commencer lentement la prise de suppléments d'huile de poisson et d'augmenter la dose graduellement. Ainsi, ils peuvent être pris avant les repas et séparés en plusieurs doses durant la journée. On recommande donc de commencer par une capsule de 500 mg ou 1 000 mg, une fois par jour, au début du repas de façon à diminuer le temps de séjour dans l'estomac et ainsi réduire les éructations. Par la suite, on pourra augmenter la dose graduellement aux deux à quatre semaines jusqu'à l'atteinte de la posologie recommandée par votre spécialiste, généralement située entre 3 g et 9 g d'huile de poisson par jour (fournissant approximativement 0,9 g à 2,7 g d'EPA et de DHA). Mentionnons que bien peu de gens acceptent de consommer 9 g d'huile de poisson par jour. Une dose de 3 à 4 g serait alors plus réaliste (procurant environ 0,9 à 1,2 g d'EPA et de DHA).

Effets secondaires

Outre la possibilité de rots ou de désagréments digestifs qu'il est possible d'éviter, aucun effet indésirable important n'a été constaté à la suite d'une prise quotidienne inférieure à 3 g d'oméga-3 d'origine marine. Cependant, chez les Inuits du Grœnland, dont la consommation d'oméga-3 est de l'ordre de 7 à 10 g/jour, on a observé une augmentation de la tendance aux saignements (nez, tractus urinaire et saignements obstétriques) comparable à ce qu'occasionne un traitement normal à l'acide acétyl-salicylique (Aspirin®). Par ailleurs, on n'a pas noté d'évidence clinique démontrant une augmentation significative de la tendance aux saignements lors d'une supplé-mentation modérée en oméga-3 (2 à 5 g/jour). Dans le cadre d'une étude clinique où tous les patients avaient consommé de l'acétylsalicylique (Aspirin®) ou de la war-farine (Coumadin®) pendant un an, on n'a pas détecté d'augmentation de saigne-ments chez ceux recevant des oméga-3, comparativement à ceux ayant reçu un placebo. Par conséquent, d'un point vue clinique, une consommation modérée d'oméga-3 ne semble pas augmenter les saignements. Toutefois, une mise en garde s'impose pour les individus souffrant d'hémophilie acquise ou héréditaire. Néanmoins, comme les huiles de poisson diminueraient la numération et l'agréga-tion des plaquettes sanguines, il est suggéré de consulter votre médecin si vous prenez des anticoagulants. Les effets secondaires d'une prise de suppléments d'huiles de poisson sont minimes par rapport aux effets bénéfiques qu'ils peuvent procurer. D'ailleurs, la *Food and Drug Administration* a analysé plus de 2 600 articles sur les oméga-3 et arrive à la conclusion qu'un apport inférieur à 3 g d'EPA et de DHA par jour peut être reconnu comme sans danger (GRAS : *Generally Recognized As Safe*). Si toutefois vous souffriez d'allergie au poisson, il serait préférable de con-sulter votre allergologue. Comme pour l'usage de tout produit de santé naturelle, chaque personne est invitée à discuter avec son pharmacien ou tout autre profes-sionnel de la santé avant d'entreprendre la prise de suppléments. En fait, il est important de se renseigner avant d'acheter tout produit puisqu'il existe de nom-breuses marques et traitements.

En guise de conclusion, mon souhait le plus cher est que ce livre puisse contribuer à élargir les sources d'information sur ce sujet important, les acides gras oméga-3. En communiquant les recommandations démontrées scientifiquement par plusieurs chercheurs, cela nous permettra de guider la population vers une meilleure connaissance de ce qui est idéal pour la santé. La synergie des différents profes-sionnels améliorera sûrement notre façon d'aider les gens. Nous pourrions ainsi tous profiter d'une saine alimentation et d'un environnement alimentaire propice à notre santé. Comme le disait si bien Adrien de Prémorel : « Le respect de la nature est une preuve absolue de civilisation ». Alors, le grand sage pourra dire « dis-moi ce que tu manges et je te dirai ce que tu es ou ce que tu deviendras ». Je vous souhaite le plus grand des plaisirs lorsque vous partagerez et dégusterez les merveilleuses recettes incluses dans ce livre. Tout cela pour dire que oui, nous pourrions **vivre mieux, plus vieux et en meilleure santé**. Si toutefois il vous est impossible de profi-ter du charme de la Gaspésie et de son parfum, vous pouvez par contre humer ses richesses !

Santé la Gaspésie !

Maryse Lepage

Maryse Lepage
Avec la collaboration de Michel Lucas et la participation d'Hélène Baribeau

Liste de suppléments d'huiles

Compagnie	Produit	Contenu	Format	Format des capsules mg/capsule	ALA (mg/caps)	EPA (mg/caps)	DHA (mg/caps)	EPA + DHA (mg/caps)
Huile de poisson seulement								
BIO-SANTÉ	Bioméga	P-LY	60	390	-	35	21	56
DOLISOS	Omégaterol	P	45	700	-	252	168	420
EHN	03MEGA	P	60 et 120	1 000	-	180	120	300
JAMIESON	Huile de saumon norvégien	P	90	1 000	-	180	120	300
NATURAL FACTOR	Huile de saumon Sockeye sauvage	P	90 et 180	1 000	-	80	80	160
YVES PONROY	Arterodiet Leritone Senior	P P	40 30	500 500	- -	138,5 34,2	80 27	218,5 61,2
QUEST VITAMINES	Huile de trois poissons	P	60	1 000	-	180	120	300
SISU	Huile de saumon norvégien	P	90	1 000	-	60	90	150
WEBBER	Huile de saumon	P	60	1 000	-	180	120	300
Huile de poisson avec d'autres huiles								
JAMIESON	Oméga Protect 3-6-9	B-L-P	80	1 210	212	72	48	120
LABORATOIRE COLBA (RACINE DE VIE)	Oméga-Vie	B-L-P	60	1 300	190	72	48	120
LALCO	Méga 3-6-9	B-L-P	80	1 210	212	72	48	120
NUTRICIA (Flora)	Efanatal	O-P	60	500	-	20	62,5	82,5
NUTRICIA (Flora)	Efalex	O-P	60 et 180	500	-	25	60	85
NUTRISANA	Oméga-3	B-L-P	90	1 200	212	128	83	211
PILEGE	Omégabiane	B-P	100	500	-	25	15	40
YVES PONROY	Menoconfort	P-B	40	500	-	40	30	70
PRODUITS NATURELS SUISSE	Oméga dose 500	B-L-P	70	500	59	24	70	94
PRODUITS NATURELS SUISSE	Oméga Plus 3-6-9	B-C-L-N-P	80	1 200	210	63	42	105
SANTÉ NATURELLE (A. GAGNON)	Oméga 3-6-9	B-L-P	80	1 210	212	72	48	120
SISU	Essential EFA	B-L-P	90 et 180	1 200	-	72	48	120
Autres								
GRYD	Krilex	K	100 et 150	300	0,4	6,2	3,7	10
LALCO	Purkrill	HK	40	500	7,7	75	50	125

À noter que les informations sur les concentrations des produits sont celles fournies par les compagnies. Pour augmenter les oméga-3 et diminuer les oméga-6 dans vos tissus, il serait préférable de privilégier les huiles contenant seulement du poisson, car celles renfermant d'autres huiles (comme la bourrache, l'onagre, etc.) possèdent beaucoup plus d'oméga-6. Pour les propriétés de ces huiles, référez-vous à votre diététiste, pharmacien ou médecin.

Légende :

B : huile de bourrache; C : huile de carthame; L : huile de lin; LY : lyophilisat (poisson séché à froid); N : huile de noix (de Grenoble); O : huile d'onagre; P : huile de poisson; K : krill lyophilisé (séché à froid); HK : huile de krill

ALA : acide alpha-linolénique (C18:3n-3); EPA : acide eicosapentanoïque (C20:5n-3); DHA : acide docosahexanoïque (C22:6n-3)

Poisson et antioxydants

Nous l'avons vu dans la section précédente, les acides gras oméga-3 ont des effets indéniables sur notre santé. À ce titre, les antioxydants revêtent une importance capitale pour l'humain. Ils sont de puissants agents protecteurs pour nos cellules. Les protégeant de l'oxydation, ils sont de véritables vestes pare-balles pour l'organisme, car ils interceptent les radicaux libres qui nous font « vieillir ».

Les chercheurs ont découvert que les pigments responsables de la couleur caractéristique des fruits et des légumes sont des antioxydants très efficaces. La couleur orange de la carotte et le bleu des bleuets proviennent des antioxydants qu'ils contiennent, les caroténoïdes pour les carottes et les flavonoïdes pour les bleuets. C'est pour cette raison que l'on recommande de consommer des fruits et des légumes très colorés. À noter également que ceux-ci cueillis à maturité sont en général plus riches en antioxydants. Certains antioxydants, comme les flavonoïdes, se développent en présence du soleil. Pensons aux poivrons rouges qui contiennent deux fois plus de vitamine C et neuf fois plus de caroténoïdes que les poivrons verts. Ces derniers sont en fait cueillis avant maturité.

Il existe d'autres antioxydants qui ne sont pas des pigments. Il s'agit de la vitamine C, de la vitamine E, de la cœnzyme Q10, du sélénium, du zinc et du magnésium. Plusieurs composants de l'ail, de l'oignon et des produits de soya sont également des antioxydants puissants. Les noix et les graines regorgent de sélénium et de vitamine E, alors que les fruits et les légumes contiennent plus particulièrement de la vitamine C et des caroténoïdes. Les poissons, quant à eux, sont d'excellentes sources de sélénium et de cœnzyme Q10. Eh oui, les poissons contiennent leurs propres antioxydants! Lors de vos repas, il est toujours préférable de consommer des légumes avec le plat principal et des fruits au dessert. N'oubliez pas d'inclure quotidiennement dans votre alimentation des noix et des graines, mais en petite quantité, tout en faisant attention de ne pas dépasser votre apport journalier en acides gras oméga-6.

Suppléments d'antioxydants ou des aliments?

Lorsque vous mangez une carotte ou une tomate, vous absorbez des centaines d'antioxydants différents alors que la prise d'un seul comprimé de bêta-carotène, par exemple, ne vous apporte qu'un seul caroténoïde. De plus, les antioxydants contenus dans les fruits et légumes interagissent, se supportent et se régénèrent mutuellement de façon plus efficace que s'ils étaient pris séparément. Avant de prendre un supplément d'antioxydants, évaluez votre alimentation et assurez-vous de consommer suffisamment d'aliments riches en antioxydants. Ainsi, vous constaterez que changer le contenu de votre assiette est plus efficace que de prendre un supplément!

En terminant, retenez qu'un apport journalier en acides gras oméga-3 (d'origines végétale et marine) combiné avec des aliments riches en antioxydants, s'avérera tout à fait avantageux pour votre santé.

Hélène Baribeau

Hélène Baribeau, diététiste-nutritionniste

Antioxydants	Aliments
Caroténoïdes Bêta-carotène	Citrouille, carotte, courge orangée, melon (cantaloup), patate douce, spiruline, chou frisé, épinard, légumes verts à feuilles (feuilles de pissenlit), poivron rouge
Lycopène, Lutéine	Tomate, melon d'eau, pamplemousse rose, abricot, épinard, brocoli
Vitamine C	Brocoli, jus d'orange, fraise, jus de pamplemousse, pois mange-tout, chou de Bruxelles, poivron rouge, chou-fleur, litchi, jus de légumes, orange, jus de canneberges, cantaloup, kiwi, mangue, chou rouge, poivron vert, papaye, pamplemousse, jus de tomate, tomate, chou chinois, etc.
Vitamine E	Huile de germe de blé, graine et huile de tournesol, amande, noisette, beurre d'arachides naturel; huile de soya, de canola, de sésame, d'olive; mayonnaise, patate douce, igname, riz brun
Flavonoïdes Proanthocyanidines	Bleuet, raisin, canneberge, framboise noire, mûre
Flavones et flavonols (quercétine, kaempférol, etc.)	Thé vert, ail, oignon, brocoli, peau des raisins et des bleuets, agrumes (citrus)
Isoflavones (génistéine)	Fève de soja, tofu, tempeh, boisson de soya, etc.
Cœnzyme Q10	Poisson gras (maquereau, sardine), abats (cœur, foie, rognon), bœuf, soya, cacahuète (arachide)
Sélénium	Noix du Brésil, thon, huître, homard, saumon, morue, crevette, hareng, abats, blé entier, seigle, bœuf, graine de tournesol, œuf, levure de bière
Zinc	Huître, crabe, bœuf, agneau, crevette, dolique à œil noir, germe de blé, son de blé, dinde, fève pinto, sardine, fève, rognon, graine de citrouille, produits laitiers, tofu, arachide
Magnésium	Bette à carde, brocoli, épinard, pois vert, kiwi, cantaloup, fève noire, tofu, pois chiche, fève blanche, fève rouge, fève de Lima, quinoa, millet, riz sauvage, arachide, beurre d'amande, sardine, crevette
Composés soufrés	Ail, oignon

Sources :

Le Cren, F. Les antioxydants, Édition Québécor, 1999.

Withney, E.N., Cataldo, C.B., Rolfes, S.R. Understanding normal and clinical nutrition. West publishing company, third edition, 1991.

US Department of Agriculture. Food Composition. US Department of Agriculture, Agricultural Research Service: http://www.nal.usda.gov/fnic/cgi-bin/nut_search.pl, Access date, June 2002.

Brault Dubuc, M., Caron Lahaie, L. Valeur nutritive des aliments, Édition Société Brault-Lahaie, 1998.

Pour choisir les bons gras

Principales sources alimentaires des différents types d'acides gras

Acides gras	Sources végétales	Sources animales	Recommandation
Saturés	Huiles végétales tropicales (coprah, coco, palmiste, palme, beurre de cacao) et huiles végétales hydrogénées	Gras des produits laitiers (fromage, beurre, crème), gras de viandes, charcuteries, suif, saindoux	À réduire au maximum
Monoinsaturés	Huiles de noisette, d'olive, de canola et d'arachide, les noisettes, les amandes, les pistaches, les pacanes, l'avocat, les olives	Poissons	À privilégier
Polyinsaturés	*Oméga-6* : huiles de carthame, de pépins de raisin, de tournesol, de maïs, de noix, de germe de blé, de soya, de citrouille, de coton et de sésame, certaines margarines, noix de Grenoble, graines de tournesol, germe de blé, certains laits de soya	*Oméga-6* : viandes, abats, œufs	À consommer avec modération
	Oméga-3 : huile et graines de lin, huile de canola, huile et graines de chanvre, pourpier, algues	*Oméga-3* : poissons, crustacés, mollusques, mammifères marins, œufs oméga-3	À privilégier
Trans	Huiles végétales partiellement hydrogénées ou shortening contenus dans les produits commerciaux tels que craquelins, biscuits, pâtisseries, pâtes à tarte, croustilles, certaines soupes et sauces commerciales, fritures		À éviter

Teneur en acides gras saturés (AGS) de quelques aliments

Portions	Aliments	AGS (g)
230 g (8 oz)	Longe de porc grasse, crue (24,1 % M.G.)	19,2
230 g (8 oz)	Bœuf haché, cru (20 % M.G.)	17,8
3 tranches (68 g)	Bacon, cru (57,5 % M.G.)	14,4
45 g (2 x 2 x 1 1/2 po.)	Noix de coco, crue (33,5 % M.G.)	13,4
57 g (2 oz)	Fromage cheddar (33,1 % M.G.)	12,0
230 g (8 oz)	Ronde de bœuf, crue (12 % M.G.)	10,6
230 g (8 oz)	Bœuf haché maigre, cru (10 % M.G.)	9,3
100 g (3 1/2 oz)	Salami (bœuf et porc) (20,1 % M.G.)	8,1
57 g (2 oz)	Mozzarella partiellement écrémé (16 % M.G.)	5,8
250 ml (1 tasse)	Lait entier (3,3 % M.G.)	5,1
230 g (8 oz.)	Longe de porc maigre, crue (5,7 % M.G.)	4,5
250 ml (1 tasse)	Lait entier partiellement écrémé (1,9 % M.G.)	2,9
5 ml (1 c. à thé)	Beurre (81 % M.G.)	2,5
15 ml (1 c. à table)	Crème (19,3 % M.G.)	1,8
5 ml (1 c. à thé)	Saindoux (100 % M.G.)	1,7
1 gros (50 g)	Oeuf, entier (10 % M.G.)	1,6
	Poissons	
230 g (8 oz)	Saumon atlantique élevage, cru (10,8 % M.G.)	5,0
230 g (8 oz)	Moules bleues, cuites (4,5 % M.G.)	2,0
230 g (8 oz)	Thon à chair blanche en conserve, dans l'eau, égoutté (3 % M.G.)	1,8
100 g (3 1/2 oz)	Sardine en conserve dans l'huile (11,4 % M.G.)	1,5
230 g (8 oz)	Crevettes, cuites (1,1 % M.G.)	0,7
230 g (8 oz)	Morue, crue (0,7 % M.G.)	0,3
230 g (8 oz)	Homard, cuit (0,6 % M.G.)	0,2
230 g (8 oz)	Pétoncles, crus (0,8 % M.G.)	0,2

*Source : US Department of Agriculture Nutrient Database[202]. M.G. : Matières grasses

Méthodes de cuisson

Tableau des chairs de poisson

Types de cuisson
1 Meunière   5 Frite
2 Vapeur*   6 Grillé*
3 Four   7 Poché*
4 Papillote*   8 Poêlé*

Types de cuisson	Types de poisson	Types de chair
1, 2, 3, 4, 7	Morue, goberge, aiglefin	Chair délicate à flocons
1, 2, 3, 4, 7, 8	Sole, plie, flétan du Grœnland	Chair fine et petit filet
1, 2, 3, 4, 5, 6, 7, 8	Saumon, omble, truite	Chair à flocons, moyennement ferme
1, 3, 4, 6, 7, 8	Maquereau, hareng, sardine	Chair moyennement ferme avec arêtes
1, 2, 3, 7, 8	Loquette d'amérique, aiguillat, loup d'atlantique	Chair moyennement ferme, goût délicat
2, 3, 4, 5, 6, 7, 8	Baudroie	Chair ferme et sans arête (cartilage)
1, 3, 4, 7, 8	Capelan, éperlan	Petit poisson à cuire entier

*Cuisson sans matières grasses

La cuisson du homard

Dans une grande marmite, verser 4 litres (1 gallon) d'eau. Ajouter 250 ml (1 tasse) de sel de mer. Amener à grande ébullition puis y plonger le homard. Cuire 12 minutes par livre (450 g). Commencer le calcul du temps de cuisson lorsque l'eau recommence à bouillir. Sortir de la marmite et laisser refroidir le homard sur le dos.
Source : Chef Yannick Ouellet

Fumet de poisson

Dans une grande marmite, déposer à son choix, des carapaces de homard, de crabe, de moules ou encore des morceaux de poisson avec la peau (exempts d'écaille), des os de poisson. Ajouter des légumes tels que : oignons, poireaux, céleri, carottes, échalotes françaises. Des herbes fraîches ou un bouquet garni composé de : feuilles de laurier, persil frais, thym et autres. Couvrir d'eau avec une petite quantité de vin blanc, sel de mer et poivre au goût, et laisser mijoter sous le couvercle pendant 30 minutes environ à feu moyen. Par la suite, passer le tout dans une écumoire pour n'en garder que le bouillon. Verser dans des pots de verre aux couvercles hermétiques. Se conserve très bien au frigo pendant 3 jours ou au congélateur pendant 3 mois.
Source : Dany Gasse

L'huile d'olive

Le préjugé selon lequel l'huile d'olive ne serait pas bonne pour la cuisson est encore fort répandu. Cela est absolument faux. L'huile d'olive se prête parfaitement à la cuisson, bien mieux que les autres graisses. Son point de fumée est de 210 à 230 °C alors que ceux de l'huile d'arachide, de l'huile de tournesol et du beurre sont respectivement de 210 °C, 170 °C et 110 °C. Attention cependant, il n'est pas recommandé d'atteindre le point de fumée. À ce stade, la composition chimique des lipides se modifie et dégage des composés toxiques pour l'organisme. De récentes études auraient également démontré que l'huile d'olive «extra vierge» possède des pigments antioxydants (hydroxytyrosol, oleuropeine) qui la protège de l'oxydation. Les huiles d'olive «extra vierge» ou raffinées constituent donc les meilleures huiles pour la cuisson, convenant aussi bien aux plats sautés ou mijotés qu'aux fritures.

Différence dans les appellations de l'huile d'olive

Extra vierge : l'huile d'olive extra vierge signifie de première pression à froid selon la loi européenne. Elle est très verte et a un goût prononcé. Elle possède un taux d'acidité de moins de 1 %. Une huile de qualité comme l'huile d'olive extra vierge a toujours le goût de la graine ou du fruit dont elle est extraite. Ce goût, différent d'une huile à l'autre, fait partie des qualités organoleptiques et gastronomiques des huiles végétales.

Vierge : l'huile d'olive vierge est une huile pressée à froid, plus pâle et un peu moins goûteuse que l'huile d'olive extra vierge et dont le taux d'acidité maximale est de 3 %.

Légère : l'huile d'olive légère est une huile d'olive raffinée et chauffée de couleur jaune, car la chlorophylle a été enlevée. Le terme légère se rapporte à la saveur. À utiliser en cuisine lorsque le goût de l'huile d'olive n'est pas désiré. À noter cependant que cette huile est exempte de pigments antioxydants.

Pure : L'huile d'olive pure signifie une huile raffinée mélangée avec de 5 à 10 % d'huile vierge.

Références :
Lambert-Lagacé, L., Laflamme, M. Bon gras, mauvais gras. Éd. de l'Homme. 1993.
Frappier, R., Gosselin, D. Le guide des bons gras. Éd. Asclépiades. 1995.
Visioli, F., Bellomo, G., Galli, C. Free radical-scavenging properties of olive oil polyphenols. Biochem Biophys Res Commun 1998; 247(1): 60-4.
Wiseman, S.A., Mathot, J.N., de Fouw, N.J., Tijburg, L.B. Dietary non-tocopherol antioxidants present in extra virgin olive oil increase the resistance of low density lipoproteins to oxidation in rabbits. Atherosclerosis 1996; 120(1-2): 15-23.

La crème, le beurre et le mauvais cholestérol

La crème et surtout le beurre sont riches en gras saturés, des matières grasses qui peuvent faire augmenter votre taux de mauvais cholestérol (LDL). Pour les personnes souffrant de maladies cardiovasculaires, il est préférable de modérer sa consommation de crème et de beurre tout comme sa consommation de boeuf et de porc (surtout les coupes grasses), de charcuteries (salami, pepperoni, saucisses, etc.), de peau de volailles, de margarine dure, de fromage gras, de graisses (shortening et saindoux), etc. Partout où il est possible de mettre de l'huile d'olive au lieu du beurre, n'hésitez pas ! Pour ce qui est de la crème, elle peut être consommée seulement si elle constitue un ingrédient de finition d'un plat, donc présente en très petite quantité. Pour les personnes dont le taux de mauvais cholestérol est normal, dont la consommation de viandes grasses, de fromages gras, de pâte à tarte faite à base de graisse est faible, et dont la consommation de poissons et d'huile d'olive est élevée, il est tout à fait acceptable de se permettre un peu de beurre ou de crème 15 %. D'ailleurs, peu de gens se rendent compte que 30 ml (2 c. à table) de crème 15 % contiennent moins de gras saturés qu'une once de fromage cheddar. Cela ne veut pas dire de mettre le fromage de côté (car il est une bonne source de calcium et de protéines), mais de le choisir faible en matières grasses.

Enfin, pour les mordus du beurre et de la crème, la consommation de poisson en remplacement de la viande peut être une excellente alternative, car le contenu en acides gras saturés du poisson est très faible. Voilà une raison de plus pour manger régulièrement du poisson!

La béchamel

45 ml	Huile d'olive	3 c. à table
45 ml	Farine ou farine blanche non-blanchie	3 c. à table
60 ml	Vin blanc sec	1/4 tasse
500 ml	Lait 2 %, chaud	2 tasses
250 ml	Crème à cuisson 15 %	1 tasse
Au goût	Sel de mer et poivre du moulin	
45 ml	Herbes fraîches hachées finement (coriandre, persil ou thym)	3 c. à table

Monter la béchamel selon la technique habituelle.
Source : Dany Gasse

La béchamel sans produit laitier (pour les gens qui ne peuvent pas consommer de lait de vache)

500 ml	Bouillon de poulet maison	2 tasses
60 ml	Huile d'olive	1/4 tasse
200 ml	Oignon émincé	3/4 tasse
125 ml	Céleri haché finement	1/2 tasse
60 ml	Farine ou farine blanche non-blanchie	1/4 tasse
15 ml	Fécule de maïs	1 c. à table
250 ml	Boisson de soya nature	1 tasse
5 ml	Origan séché	1 c. à thé
5 ml	Sel de mer	1 c. à thé
2 ml	Sel de céleri	1/2 c. à thé
2 ml	Moutarde en poudre	1/2 c. à thé
Au goût	Poivre	
1 pincée	Poudre d'ail et muscade	

Chauffer le bouillon de poulet et le réserver. Chauffer l'huile d'olive et faire revenir les oignons et le céleri jusqu'à transparence. Mélanger la farine et la fécule de maïs, puis ajouter au mélange d'oignon et de céleri. Faire cuire le tout 1 ou 2 minutes en brassant constamment. Y ajouter graduellement le bouillon de poulet chaud tout en brassant avec un fouet, puis la boisson de soya et brasser encore. Ajouter l'assaisonnement et laisser chauffer à feu doux quelques minutes.

N. B. Pour une sauce plus épaisse, ajouter au mélange de farine 15 ml (1 c. à table) de farine et 5 ml (1 c. à thé) de fécule de maïs.
Source : Hélène Baribeau (inspirée d'une recette d'une collègue diététiste, Josianne Cyr)

La pâte à tout faire à l'huile d'olive

1 litre	Farine blanche non-blanchie	4 tasses
1 pincée	Sel	
250 ml	Eau	1 tasse
30 g	Levure à pâtisserie (Fleishman ou autre)	1 oz
125 ml	Huile d'olive	1/2 tasse
1	Citron (le jus seulement)	

Dissoudre la levure dans de l'eau tiède. Ajouter l'huile, le sel, le jus de citron et la farine. Pétrir la pâte et laisser reposer quelques heures (environ 5 heures). Idéal pour les pizzas, les pâtes à tarte et les pâtés.
Source : Véronique Lepage, nutritionniste

La sauce hollandaise allégée
Donne environ 375 ml (1 1/2 tasse)

15 ml	Huile d'olive	1 c. à table
30 ml	Beurre	2 c. à table
45 ml	Farine ou farine blanche non-blanchie	3 c. à table
250 ml	Lait 2 %	1 tasse
60 ml	Crème 10 %	1/4 tasse
1	Jaune d'œuf battu	
15 ml	Beurre supplémentaire	1 c. à table
1	Citron (le jus seulement)	

Faire chauffer l'huile et le beurre, dans un poêlon. Y ajouter la farine, puis le lait et la crème 10 % ; mélanger à l'aide d'un fouet. Dans un petit bol, battre l'œuf et y verser de la préparation chaude, brasser et remettre le tout dans la sauce. Poursuivre la cuisson en remuant constamment. Ajouter le jus de citron et le beurre supplémentaire et remuer pour rendre homogène. Servir chaud sur des œufs bénédictine, pour accompagner du poisson ou encore sur des asperges fraîches cuites à la vapeur.
Source : Dany Gasse

Morue à l'étuvée
Donne 4 portions

4 à 6 filets	Morue fraîche	
7 ml	Herbes salées	1/2 c. à table
	(herbes mélangées cuites et salées, préparées en pot)	
Au goût	Poivre du moulin	
1	Oignon haché	
2 à 3 tranches	Citron frais	
1	Carotte	
2 à 3 branches	Céleri	
125 ml	Fumet de poisson ou vin blanc	1/4 tasse

Mettre le tout dans un emballage fait de papier d'aluminium. Ajouter le fumet de poisson ou le vin blanc ou encore moitié-moitié. Fermer l'emballage et mettre au four à 375 °F pendant environ 20 minutes ou jusqu'à ce que la morue soit tendre.
Source : Marjolaine Lévesque

Suggestions de vin

À propos de l'accord des vins et des mets

Quoi de plus naturel que de vouloir accompagner un plat d'un vin! N'est-ce pas là un moment privilégié de la journée pour une pause bien méritée? Mais quel vin choisir? Voilà, le choix est vaste! Quel vin mettra en valeur le plat et quel plat viendra en rehausser les arômes, le bouquet et les saveurs, tout en harmonie, jouant le complément idéal pour une symbiose parfaite?

Commençons par la base, la température de service. On ne le répétera jamais assez, nous buvons le vin blanc trop froid diminuant ainsi ses arômes et son goût; le vin rouge, trop chaud, paraîtra plus plat, plus alcoolique et moins désaltérant. Munissons-nous d'un simple thermomètre à vin. Généralement, une température variant entre 10 à 12 °C conviendra bien à l'ensemble des vins blancs; les rosés, les bourgognes et les champagnes riches devraient être servis à 14 °C. Des amis arrivent à l'improviste? Pas de panique, plonger la bouteille dans un mélange de glace et d'eau jusqu'au goulot pendant 20 minutes et le tour est joué. Rappelons que, sur la terrasse, le vin se réchauffera vite dans les verres, alors gardez à la portée de main un sceau de glace. Deuxièmement, un plat simple demandera un vin simple, un plat plus élaboré un vin plus complexe; plus un poisson est fin, plus le vin doit l'être également. Laissons tomber toutes les règles strictes; tout est affaire de goût et de plaisir, il s'agit d'user de bon sens. On ne servira pas un civet de lièvre avec un blanc léger, le vin semblera étouffer sous le poids du gibier, n'est-ce pas? Alors, pas de poisson ou de crustacés avec un vin rouge tannique, c'est logique. Pour les inconditionnels du vin rouge, un vin peu tannique comme un Gamay de Bourgogne ou de Touraine, rafraîchi (entre 14 et 16 °C), pourra très bien faire l'affaire; il constituerait même un choix réfléchi pour accompagner, par exemple, un saumon à la tomate ou aux framboises ou encore du thon grillé juste à point avec une sauce aux crustacés. Un vin blanc sec gommera le salé, le safran exacerbe la note florale d'un vin blanc, etc. Les accords se multiplient pour notre plaisir. Voici donc quelques suggestions à partir de mon expérience personnelle des mariages de vins et de mets, passe-temps qui ne me lassent jamais et me gardent sur ma soif et sur mon appétit.

Commençons par les canapés, qu'ils soient composés de crevettes, de moules ou d'autres fruits de mer, accompagnés d'un vin sec et vif. Un Vinho verde du Portugal, un Rias Baixas d'Espagne, un Orvieto d'Italie ou un Muscadet de Loire serait tout à fait approprié. Par contre, pour des canapés de foie de morue, comme leur texture est plus mœlleuse et riche, on préférera un vin plus gras et rond en bouche comme un Pinot gris, d'Alsace ou d'ailleurs, un Orvieto Abbocato, un Torrontes d'Argentine ou encore un savoureux Vouvray pour se mettre en appétit.

Avec une salade de fruits de mer et de pamplemousse, un Entre-deux-mers ou un Sancerre conviendra à merveille. Avec une salade de homard ou de crabe, un Pouilly-fuissé de Loire, un Chablis de Bourgogne ou un Reisling serait le compagnon idéal. Un tartare de poisson avec câpres et citron s'accommoderait bien d'un Muscadet. Pour une entrée de saumon fumé, un Sauvignon de Médoc, de Loire, d'Argentine, d'Afrique du Sud ou du Chili serait à la hauteur; pour les aventureux, un Xérès Fino serait exquis. Avec la morue séchée, un Corbières ou un vin de Limoux serait idéal. Avec les huîtres fraîches, le petit côté iodé s'harmonisera avec un Chablis, un Entre-deux-mers, un Reisling d'Alsace ou un vin de Graves. Pour les moules à la provençale, un Côtes-du-rhône blanc ou un rosé tel un Tavel ou rosé de Provence serait parfait. Avec une coquille Saint-Jacques au gratin, un Pouilly-fuissé ou un Meursault serait parfait !

Pour les soupes de poisson et de crustacés, on privilégiera les vins blancs secs ou rosés, je pense à la Méditerranée avec sa bouillabaisse servie avec un blanc ou un rosé de Cassis, mais un blanc de Provence ou un rosé du Minervois comme un Villerambert-Julien conviendrait tout aussi bien. Avec une bisque ou une crème de poisson ou de crustacés, on préférera un Bourgogne ou un Corzes-hermitage.

Un vin vif et sec s'harmonisera très bien avec le poisson frit grillé à la meunière, tels un Savennières, un Bourgogne aligoté, un Sylvaner ou un Sauvignon avec ses arômes d'agrumes. Un poisson en sauce demandera un vin plus riche, plus onctueux en bouche, comme le Chardonnay, qu'il provienne du Canada, des États-Unis, de l'Europe ou de l'hémisphère sud. Un poisson plus gras comme le saumon, le maquereau ou le flétan requiert aussi des vins de cette même famille ; grillé, accompagné d'une sauce béarnaise ou mousseline, il fera honneur à un Jurançon ou à un Pessac-léognan. Une brochette de pétoncles s'accommodera bien d'un Côtes-du-rhône de Guigal. Avec les rois de nos crustacés, le crabe et le homard, qu'ils soient bouillis, servis à la cardinal, à l'américaine ou à la Newburg, sortons nos plus belles bouteilles de premier cru d'un Reisling d'Alsace, Gewurztraminer ou Pinot gris, ou notre grande cuvée de Sancerre ou encore les irrésistibles bourgognes. S'ils sont servis à la vanille, osons servir un Bourgogne américain légèrement boisé.

Espérons que ces quelques notes vous conduiront sur des pistes de découvertes inoubliables. Le choix étant tellement vaste, laissons libre cours à notre imagination et rappelons-nous que le vin se partage entre parents et amis pour le plaisir. Voilà toute la beauté de cet art !

Raymond Parent, pharmacien
Membre de la confrérie Dionysos de Rimouski
r.parent@cgocable.ca

Légende des recettes

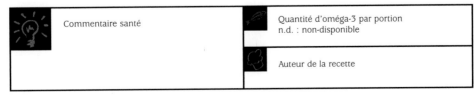

♡ ♡ Recette faible en gras saturés (moins de 5 g par portion)

♡ Recette moyennement élevée en gras saturés (5 à 10 g par portion)

Les recettes ne portant aucune mention devraient être cuisinées plus occasionnellement à cause de leur teneur élevée en gras saturés.

Commentaire santé	Quantité d'oméga-3 par portion n.d. : non-disponible
	Auteur de la recette

L'analyse des recettes pour leur contenu en acides gras saturés a été effectuée à l'aide du logiciel Fuel, version 2.3b Pro. Quant aux calculs portant sur les oméga-3 marins, ils ont été faits à partir des valeurs provenant de la banque de données du département américain de l'agriculture[202].

1 sac (500 g)	Pâtes biologiques aux épinards, cuites	
450 g	Pétoncles fumés **Atkins et Frères**	1 lb (16 oz)
1	Échalote française, hachée très finement	
1	Petite gousse d'ail, écrasée	
125 ml	Vin blanc	1/2 tasse
250 ml	Crème champêtre 15 %	1 tasse
105 g	Beurre non salé, froid, coupé en cubes	7 c. à table
Au goût	Sel de mer et poivre (attention : les pétoncles fumés sont déjà salés)	
45 ml	Coriandre fraîche, hachée	3 c. à table

Algues marines

Pétoncles fumés à la crème de coriandre

Entrée
Donne 4 portions

Dans un poêlon, faire revenir l'échalote et l'ail dans un peu d'huile d'olive à feu modéré. Ajouter les pétoncles et réchauffer 3 minutes environ. Retirer les pétoncles et les réserver dans un plat couvert. Remettre le poêlon sur le feu et déglacer au vin blanc. Réduire de moitié le liquide. Ajouter la crème et réduire à nouveau du tiers. Retirer du feu et, à l'aide d'un fouet, incorporer les cubes de beurre froid, un à la fois, en remuant constamment pour obtenir une belle consistance. Ajouter la coriandre hachée et les assaisonnements. Ajouter les pétoncles fumés dans la sauce et verser sur les pâtes.

La coriandre est une plante qui aiderait l'estomac dans ses fonctions; on la dit stomachique.	220 mg
	Atkins et Frères (Chef Roy Kaercher)

1	Baguette (de pain) de blé entier	
1 paquet	Pesto de tomates séchées	
250 ml	Choucroute **Tapp**	1 tasse
225 g	Maquereau fumé **Atkins et Frères**	1/2 lb (8 oz)
250 ml	Fromage mozzarella râpé (faible en matières grasses)	1 tasse

Barques enchantées

Baguette de maquereau fumé et sa choucroute

Entrée
Donne 4 portions

Trancher la baguette dans le sens de la longueur, séparer et couper en deux pour obtenir quatre parts égales de pain croûté. Y étendre le pesto de tomates séchées, poursuivre le montage avec la choucroute, puis le maquereau fumé en tranches épaisses pour terminer avec le fromage râpé. Gratiner au four sous le gril le temps de bien faire dorer, puis servir.

La choucroute est obtenue par l'action du sel sur du chou finement émincé, ce qui entraîne la production d'acide lactique. Cette transformation rend le chou plus digeste.

1 300 mg

Chef Yannick Ouellet

1 paquet	Tortillas 100 % blé entier	
375 ml	Fromage râpé (faible en matières grasses)	1 1/2 tasse
Farce		
60 ml	Huile d'olive	4 c. à table
60 ml	Farine ou farine blanche non-blanchie	4 c. à table
375 ml	Lait 2 %	1 1/2 tasse
120 g	Crevettes fraîches **Langlois** ou couteaux de mer	1/4 lb (4 oz)
15 ml	Huile d'olive	1 c. à table
1	Échalote française hachée	
Au goût	Sel de mer et poivre	
15 ml	Thym frais, haché	1 c. à table

Calme au littoral

Crêpes de blé aux crevettes

Entrée
Donne 4 portions

Monter la béchamel selon la technique habituelle, réserver. Dans un poêlon, faire revenir à feu moyen les échalotes et les crevettes quelques minutes (2 minutes environ). Ajouter à la béchamel et assaisonner le tout. Garnir les tortillas avec la préparation aux crevettes. Parsemer de fromage râpé, puis gratiner.

N.B. Pour une crêpe rapide et riche en fibres, utiliser des tortillas 100 % blé entier.

Une petite pensée pour vous, maman et papa, qui nous permettaient d'avoir des herbes et des fleurs fraîches du jardin à tous les matins des séances photos.

Merci, je vous aime!

Le thym aurait des propriétés expectorantes. Il est utilisé dans plusieurs sirops naturels contre la toux.	90 mg	
	Lucille T. Lepage	

59

450 g	Pétoncles frais	1 lb (16 oz)
15 ml	Huile d'olive	1 c. à table
Au goût	Sel de mer et poivre du moulin	
1/2	Citron (le jus seulement)	

Chant des sirènes

Pétoncles de Kevin Parent

Entrée
Donne 4 portions

Chauffer un poêlon à feu vif, y verser l'huile d'olive, puis y déposer les pétoncles préalablement lavés et dont le muscle a été enlevé. Cuire 30 à 60 secondes. Arroser avec le jus de citron. Assaisonner au goût, retirer du feu et servir immédiatement. Délicieux avec de gros pétoncles.

Remerciements spéciaux à Kevin de m'avoir si gentiment donné cette recette, un soir de spectacle à Sainte-Anne-des-Monts, lors de sa tournée en Gaspésie… Gros bisous.

	La consommation d'huile d'olive est associée à la réduction du cancer du sein, à condition de réduire la consommation d'autres matières grasses surtout les matières grasses saturées.		100 mg
			Kevin Parent

1 paquet (450 g)	Champignons frais, tranchés	1 lb (16 oz)
1	Blanc de poireau, haché	
3	Échalotes françaises, hachées finement	
225 g	Crevettes fraîches **Langlois**	1/2 lb (8 oz)
225 g	Pétoncles frais	1/2 lb (8 oz)
60 ml	Vin blanc	1/4 tasse
Au goût	Sel de mer et poivre	
15 ml (chacun)	Persil et aneth frais, hachés	1 c. à table (chacun)
375 ml	Fromage râpé (faible en matières grasses)	1 1/2 tasse
Béchamel		
60 ml	Huile d'olive	1/4 tasse
60 ml	Farine ou farine blanche non-blanchie	1/4 tasse
250 ml	Lait 2 %	1 tasse
125 ml	Fumet de poisson	1/2 tasse
60 ml	Crème champêtre 15 %	1/4 tasse

Éventail marin

Coquilles Saint-Jacques

Entrée
Donne 4 portions

Monter la béchamel selon la technique habituelle et réserver. Faire revenir les légumes à feu moyen dans un peu d'huile d'olive pour les attendrir. Ajouter les légumes et les fruits de mer à la béchamel, puis assaisonner au goût. Déposer le tout dans les coquilles préalablement huilées. Parsemer de fromage et cuire au four à 375 °F pendant 20 minutes.

	Le poireau est un aliment riche en fer. Le fer des végétaux s'absorbe plus facilement en présence d'aliments riches en vitamine C, comme les tomates.	230 mg
		Louise Lepage

300 g	Pétoncles frais	2/3 lb (10 oz)
30 ml	Huile de noix	2 c. à table
45 ml	Huile d'arachide	3 c. à table
2	Limes (le jus seulement)	
30 ml	Estragon frais, haché	2 c. à table
Au goût	Sel de mer et poivre	
5 ml	Sucre	1 c. à thé

Fleurs d'eau marine

Rosaces de pétoncles à l'huile de noix et au citron vert

Entrée
Donne 6 portions

Préparer une vinaigrette avec le jus de lime et les huiles. Y ajouter l'estragon, le sucre, le sel et le poivre. Y faire mariner, de 4 à 5 minutes, les pétoncles tranchés en trois ou quatre (1 cm d'épaisseur). Monter en rosaces. Placer au centre de la fleur une belle framboise, pour imiter le pistil d'une fleur.

L'huile de noix donne un goût exquis au plat. Elle doit être utilisée avec parcimonie, car elle est très vulnérable à l'oxydation. Elle se conserve un an au réfrigérateur.

40 mg

Chef Yvan Belzile

1 filet (680 g)	Saumon avec la peau		1 1/2 lb (24 oz)
125 g	Sel de mer		1/4 lb (4 oz)
80 ml	Sucre ou sucre brut		1/3 tasse
15 ml	Poivre		1 c. à table
1/2	Citron (le jus seulement)		
15 ml (chacun)	Fines herbes, aneth et fenouil		1 c. à table (chacun)

Galiote à outre mer

Saumon à la scandinave

 Entrée
Donne 4 portions

Laver le filet de saumon avec la peau et essuyer-le avec un papier absorbant. Mélanger les autres ingrédients dans un petit récipient. Déposer le filet sur la peau dans un plat. Étendre la préparation sur le filet, couvrir d'un papier film et mettre au frigo pendant 24 heures. Vous pouvez trancher le saumon en tranches minces comme du saumon fumé. Apprêté de cette façon, le saumon se conserve plusieurs jours au frigo.

Le saumon est très riche en vitamine B6, utilisée dans la régulation de l'humeur via la production de sérotonine.	2 900 mg (pour 150 g de saumon cru)	
	Christian Drapeau, traiteur	

120 g	Pétoncles frais, lavés et parés	1/4 lb (4 oz)
60 ml	Crème champêtre 15 %	1/4 tasse
Au goût	Sel de mer et poivre	
1	Blanc d'œuf	
2 ml	Assaisonnements à poisson	1/2 c. à thé
1 sac	Épinards, parés et blanchis	

Les chasses-marées

Rouleaux aux pétoncles et aux épinards

Entrée
Donne 4 portions

À l'aide d'un robot culinaire, réduire en purée les pétoncles, la crème, le blanc d'œuf et assaisonner le tout. Placer les épinards cuits (blanchis) sur du papier film de type **Saran,** étaler la préparation de pétoncles sur les épinards et former un ou deux rouleaux. Cuire au four de 20 à 25 minutes à 350 °F au bain-marie (comme bain-marie, utiliser un plat rectangulaire muni d'une grille à gâteau). Remplir le fond du plat avec un peu d'eau et déposer les rouleaux sur la grille. À la sortie du four, retirer le papier de type **Saran** et découper en portion. Peut être servi chaud ou froid. Délicieux accompagné d'un coulis de pesto au basilic.

	Le blanc d'œuf, contrairement au jaune d'œuf, est sans cholestérol et contient beaucoup de protéines.		30 mg
			Anne Lepage

3 feuilles	Pâte phyllo	
4	Échalotes françaises	
450 g	Champignons frais	1 lb (16 oz)
180 ml	Vin blanc	3/4 tasse
30 ml	Herbes fraîches de votre choix	2 c. à table
45 ml (chacun)	Huile d'olive et beurre fondu (pour badigeonner)	3 c. à table (chacun)
225 g	Fromage **Pied de vent** des Îles-de-la-Madeleine	1/2 lb (8 oz)
1	Citron (le zeste et la pulpe)	
120 g	Saumon fumé **Atkins et Frères**, coupé en lanières	1/4 lb (4 oz)
	Choucroute **Tapp** (en accompagnement)	

L'île dans le mirage

Phyllo au saumon et au fromage Pied de vent

Entrée
Donne 4 portions

Dans un poêlon, faire revenir les échalotes et les champignons dans un peu d'huile. Y ajouter le vin blanc et laisser réduire presqu'à sec. Ajouter le fromage en morceaux et le saumon fumé et réchauffer légèrement le tout. Ajouter la pulpe et le zeste de citron. Badigeonner, du mélange de beurre et d'huile, les feuilles de pâte phyllo. Étendre un peu de préparation au début de la feuille et rouler en forme de cigare. Mettre un peu d'huile et de beurre sur le bord du rouleau avant de le fermer. Cuire au four à 350 °F le temps de bien faire dorer. Accompagner de la choucroute chauffée.

Vous pourriez utiliser des champignons de Paris que vous auriez fait cuire dans un poêlon auparavant, dans un peu d'huile et de beurre.

Percé, le 9 juillet 2002, salle à manger Le Mirage. Pour votre admirable gentillesse. Je vous rends hommage à ma façon en donnant à cette recette le nom de votre établissement où nous avons si bien mangé. Un grand merci à vous deux : M. et Mme Paul Ouellet, propriétaires.

	Le zeste du citron contient des terpènes qui auraient des propriétés expectorantes, c'est-à-dire qui aideraient à libérer le mucus des voies respiratoires.		640 mg
			Chef Yannick Ouellet

1 filet (900 g)	Saumon frais non cuit, divisé en quatre parties égales ou alose	2 lb (32 oz)
1 boîte	Pâte phyllo	
	Huile d'olive (pour badigeonner)	
Au goût	Sel de mer et poivre	
Au goût	Aneth frais	
Concassé de tomates		
5	Tomates, parées et coupées en dés	
3	Échalotes françaises, hachées finement	
45 ml	Huile d'olive	3 c. à table
30 ml	Aneth frais, haché	2 c. à table
Béchamel au pesto		
500 ml	Béchamel (voir page 50)	2 tasses
125 ml	Pesto	1/2 tasse

Prince des rivières coffré sur sa rocaille de tomates

Saumon en croûte

Entrée
Donne 8 entrées ou 4 portions (si servi comme plat principal)

Mélanger la béchamel et le pesto et réserver pour le montage du plat. Selon les directives du fabricant, étendre la pâte phyllo une feuille à la fois et badigeonner entre chaque feuille (2 feuilles entières par coffre). Déposer une part de saumon au centre. Assaisonner de sel de mer, de poivre et d'aneth frais et plier de façon à former un coffre. Bien huiler avant de refermer la pâte, ainsi que le dessus. Déposer sur une plaque de cuisson et faire cuire au four à 375 °F jusqu'à ce que la pâte soit bien dorée (environ 15 minutes). Au sortir du four, disposer le concassé de tomates fraîches dans le fond de chacune des assiettes et y déposer un demi-coffre par convive ou un entier si servi en plat principal. Napper avec la béchamel au pesto, en allant d'un coin du coffre vers le bord de l'assiette. Servir avec des légumes allumettes, tels que courgettes et carottes.

L'aneth serait une plante carminative, c'est-à-dire qui aiderait à prévenir les flatuosités (gaz) et les ballonnements.	2 150 mg	
	Anick et Dany Gasse	

450 g de filets	Truite	1 lb (16 oz)
60 ml	Jus de citron	1/4 tasse
60 ml	Huile d'olive extra vierge	1/4 tasse
60 ml	Sirop d'érable	1/4 tasse
Au goût	Sel de mer et poivre	
60 ml	Aneth frais	1/4 tasse
5 ml	Graines d'aneth	1 c. à thé
2	Échalotes françaises, hachées finement	

Promenade à la petite rivière

Truite marinée

Entrée
Donne 8 portions

Enlever la peau de la truite, couper en petits cubes ou en tranches fines. Mélanger tous les ingrédients et laisser mariner pendant 24 heures au réfrigérateur. Servir dans des feuilles d'endives.

Cette recette est dédiée spécialement à mon amie de Nice… Ralda. En espérant qu'elle t'incite à revenir très bientôt en Haute-Gaspésie! Je t'embrasse.

Maryse

 L'appellation «extra vierge» pour l'huile d'olive est synonyme de première pression à froid.

530 mg

Michel Lucas

4 filets	Saumon fumé **Atkins et Frères**	
2 pinces	Homard, décortiqué	
120 g	Pétoncles, coupés en lanières	1/4 lb (4 oz)
1	Poivron rouge, coupé en lanières	
120 g	Crevettes **Langlois**	1/4 lb (4 oz)
500 ml	Riz brun ou encore un mélange de riz blanc et de riz sauvage, cuit	2 tasses
Sauce		
45 ml	Huile d'olive	3 c. à table
80 ml	Farine ou farine blanche non-blanchie	1/3 tasse
750 ml	Lait 2 %	3 tasses
125 ml	Fromage mozzarella, râpé (faible en matières grasses)	1/2 tasse
1	Échalote française, hachée finement	
30 ml	Assaisonnements à fruits de mer	2 c. à table
Au goût	Sel de mer et poivre	

Roulis de mer

Roulade de saumon

Entrée
Donne 4 portions

Dans une casserole, chauffer l'huile à feu moyen, y ajouter l'échalote et faire cuire jusqu'à ce qu'elle soit transparente. Y incorporer la farine, cuire 1 minute en remuant constamment, puis ajouter le lait et les assaisonnements. Monter comme une béchamel. Ajouter le homard, les pétoncles, le poivron rouge et le fromage. Bien mélanger et réserver. Placer du papier d'aluminium sur une plaque allant au four et y déposer deux filets de saumon fumé côte à côte. Recouvrir de la préparation de homard, puis des deux autres filets de saumon et rouler le tout. Couper chaque rouleau en deux, puis mettre au four à 325 °F de 8 à 10 minutes. Garder les crevettes pour les ajouter au riz cuit. Au sortir du four, disposer les rouleaux sur un nid de riz aux crevettes chaud. Servir. Un riz façon pilaf serait idéal.

Le riz sauvage est une plante aquatique originaire d'Amérique du Nord. Son contenu riche en protéines est deux fois plus élevé que dans les autres riz et ses protéines sont de meilleure qualité.	540 mg	
	Cathie Labrie	

450 g	Pétoncles frais, parés	1 lb (16 oz)
1	Citron (le jus seulement)	
60 ml	Mirin (vin de riz japonais)	1/4 tasse
15 ml	Graines de sésame blanches	1 c. à table
1	Échalote verte, hachée très finement	
15 ml	Vinaigre de riz	1 c. à table
15 ml	Gingembre mariné, haché très finement	1 c. à table

Sirènes en eau douce

Céviché de pétoncles

Entrée
Donne 4 portions

Rincer les pétoncles sous l'eau froide, et retirer le muscle de chaque pétoncle. Dans un bol, ajouter le reste des ingrédients et bien mélanger. Laisser reposer au frigo pendant quelques heures. Un minimum de 3 heures est nécessaire afin que la marinade fasse plein effet.

N.B. Peut être servi sur un mesclun ou encore dans la fabrication de sushis (voir page 159).

💡	Le gingembre est une racine très efficace pour réduire les nausées, particulièrement chez la femme enceinte.	🐟 100 mg
		Dany Gasse

225 g	Fromage à la crème (faible en matières grasses)	1/2 lb (8 oz)
15 ml	Cornichons à l'aneth, hachés	1 c. à table
1/2	Citron (le jus seulement)	
Au goût	Poivre	
1	Échalote française, hachée	
75 g	Maquereau fumé **Atkins et Frères**, coupé en morceaux	2 1/2 oz

Tartinades boucanières du petit hunier

Mousse de maquereau fumé

Entrée
Donne 8 portions

Mélanger le tout dans un robot culinaire.

| Le maquereau est l'un des poissons les plus riches en cœnzymes Q10, un antioxydant très puissant qui protège le muscle cardiaque. | 215 mg |
| | Cécile Cyr |

450 g	Saumon fumé **Atkins et Frères**	1 lb (16 oz)
1 darne	Saumon cuit	
1 noisette	Beurre	
2	Jaunes d'œufs oméga-3	
Au goût	Sel de mer et poivre (attention : le saumon fumé est déjà salé)	
Quelques gouttes	Cognac	

Mousse de saumon fumé

Entrée
Donne 12 portions

Mélanger le tout dans un robot culinaire.

| La chair du saumon est riche en vitamine D, qui favorise l'absorption et la rétention du calcium. | 1 090 mg |
| | Anne Lepage |

12	Tartelettes précuites (voir page 51)	
3	Oeufs oméga-3	
250 ml	Lait 2 %	1 tasse
125 ml	Crème champêtre 15 %	1/2 tasse
1 sac	Épinards frais	
1	Petit oignon, haché ou 3 échalotes françaises, hachées	
45 ml	Huile d'olive	3 c. à table
Au goût	Sel de mer et poivre	
15 ml	Basilic frais	1 c. à table
225 g	Crevettes fumées **Atkins et Frères**	1/2 lb (8 oz)
375 ml	Fromage râpé (faible en matières grasses)	1 1/2 tasse

Trésor bien gardé

Mini-quiches d'épinards aux crevettes fumées

Entrée
Donne 12 portions

Dans un poêlon, faire revenir les oignons dans l'huile d'olive pendant 5 minutes. Ajouter les épinards préalablement nettoyés, et cuire 2 minutes pour les faire tomber. Déposer le mélange dans le fond des tartelettes. Ajouter les crevettes fumées. Dans une casserole, faire chauffer le lait et la crème. Dans un bol, fouetter les œufs, le basilic, le sel et le poivre. Verser le lait chaud sur les œufs et mélanger rapidement de manière à rendre le mélange homogène. Remplir les tartelettes du mélange. Parsemer de fromage et cuire au four à 350 °F pendant 20 minutes environ.

Yannick, je suis très heureuse d'avoir reçu tes précieux conseils et de te compter au sein de cette équipe extraordinaire qui m'a entourée. Tu es, à mes yeux, un formidable ambassadeur de notre coin de pays.

Maryse

	C'est bien connu, les épinards sont très riches en fer, mais ils sont aussi très riches en caroténoïdes, une classe d'antioxydants qui protègeraient des cancers.	60 mg
		Chef Yannick Ouellet

225 g	Saumon fumé **Atkins et Frères**	1/2 lb (8 oz)
1	Citron (le jus seulement)	
80 ml	Huile d'olive	1/3 tasse
15 ml	Aneth frais, haché	1 c. à table
2	Échalotes, hachées	
5 ml	Sel de mer	1 c. à thé
7 ml	Poivre	1/2 c. à table
30 ml	Sirop d'érable	2 c. à table
5 ml	Graines d'aneth	1 c. à thé

Trouvaille de la tartane

Carpaccio de saumon fumé

Entrée
Donne 4 portions

Mélanger les ingrédients et étendre sur les tranches de saumon fumé et laisser reposer une heure au réfrigérateur. Servir en entrée avec des éléments décoratifs comestibles, tels que capucines, cerises de terre, figues fraîches, etc.

Le sirop d'érable est un sucre naturel. Il est un substitut intéressant au sucre blanc puisqu'il n'est pas raffiné et contient de petites quantités de minéraux. Cependant, n'en abusez pas puisqu'il est tout de même aussi sucré que le sucre blanc.

1 200 mg

Atkins et Frères (Ghislaine Desjardins)

24	Croûtes de tartelettes non cuites (voir page 51)	
125 ml	Mayonnaise légère ou crème sure	1/2 tasse
250 ml	Crème de champignons (faible en matières grasses)	1 tasse
225 g	Champignons frais, tranchés	1/2 lb (8 oz)
15 ml	Farine ou farine blanche non-blanchie	1 c. à table
2	Oeufs oméga-3 battus	
60 ml	Vin blanc	1/4 tasse
60 ml	Céleri, coupé finement	1/4 tasse
3	Échalotes hachées	
120 g de chair	Crabe cuit	1/4 lb (4 oz)
120 g de chair	Homard cuit	1/4 lb (4 oz)
120 g	Palourdes cuites	1/4 lb (4 oz)
120 g	Crevettes cuites **Langlois**	1/4 lb (4 oz)
250 ml	Fromage râpé (faible en matières grasses)	1 tasse

Voilier de crustacés parfumés

Tartelettes aux fruits de mer

Entrée
Donne 24 tartelettes ou 2 quiches

Mélanger tous les ingrédients, sauf le fromage. Verser la préparation dans les croûtes de tarte. Parsemer de fromage râpé. Cuire au four à 325 °F pendant 15 minutes, puis à 375 °F pour 15 autres minutes.

Merci, Jacques, pour ta patience et ton souci du détail pour chacune des photos. Des souvenirs qui resteront à tout jamais gravés dans notre mémoire.

Le crabe est très riche en vitamine B12, nécessaire à la santé du système nerveux.		60 mg (pour deux tartelettes)
		Sœur Marthe Lévesque

45 ml	Huile d'olive	3 c. à table
45 ml	Farine ou farine blanche non-blanchie	3 c. à table
2	Gousses d'ail, écrasées	
2 branches	Céleri, haché finement	
2	Carottes, hachées finement	
1	Oignon moyen, haché finement	
1	Blanc de poireau, haché finement	
1	Pomme de terre, coupée en cubes	
5 ml	Graines de fenouil	1 c. à thé
30 ml	Pâte de tomates	2 c. à table
15 ml	Persil frais, haché	1 c. à table
15 ml	Ciboulette ou échalote française, hachée	1 c. à table
Au goût	Sel de mer et poivre du moulin	
250 ml	Crème champêtre 15 %	1 tasse
1 1/4 litre	Fumet de poisson ou bouillon de poulet	5 tasses
225 g	Moules fraîches ou 2 boîtes de moules ou couteaux de mer	1/2 lb (8 oz)
120 g	Crevettes **Langlois**	1/4 lb (4oz)
2 pinces	Crabe décortiqué	
120 g	Maquereau ou morue en morceaux ou aiguillat ou baudroie ou loup de mer	1/4 lb (4 oz)

Casserole du loup de mer

Potage marinier

Potage
Donne 8 portions

Chauffer l'huile dans une casserole à feu moyen et y faire revenir les légumes, le fenouil et l'ail. Ajouter la farine et bien mélanger. Combiner le fumet de poisson et la pâte de tomates avant de l'ajouter dans la casserole. Mettre les fruits de mer et le poisson. Réchauffer, puis compléter avec la crème et les assaisonnements.

	Le fenouil stimulerait la lactation, chez la femme qui allaite bien sûr !	350 mg (première suggestion de poisson ou de fruits de mer)
		Céline Pelletier

30 ml	Huile d'olive	2 c. à table
30 ml	Oignon haché	2 c. à table
250 ml	Eau bouillante	1 tasse
500 ml	Pommes de terre crues, coupées en cubes	2 tasses
2 ml	Sel de mer	1/2 c. à thé
1 pincée	Poivre blanc	
225 g	Palourdes fraîches ou mactres d'Amérique ou couteaux de mer	1/2 lb (8 oz)
	ou 2 boîtes (142 g chacune) de petites palourdes	
625 ml	Lait 2 % chaud	2 1/2 tasses

Coques à la dérive

Chaudrée de palourdes

Potage
Donne 8 portions

Chauffer l'huile d'olive à feu moyen dans une grande casserole. Ajouter l'oignon haché et faire revenir (sans dorer). Ajouter l'eau, les pommes de terre, le sel et le poivre. Cuire à couvert en remuant de temps en temps jusqu'à ce que les pommes de terre soient tendres (environ 15 minutes). Incorporer les palourdes fraîches, puis réchauffer. Ajouter le lait chaud et vérifier l'assaisonnement.

Cuites au four, les pommes de terre sont riches en vitamine C. Bouillies, elles perdent beaucoup de vitamine C.	100 mg (première suggestion de poisson ou de fruits de mer)	
	Francine Lévesque	

30 ml	Huile d'olive	2 c. à table
1	Gousse d'ail	
1	Petit oignon, haché	
1 branche	Céleri, haché	
1	Carotte, coupée en rondelles	
1	Tomate, coupée en dés	
125 ml	Brocoli, haché	1/2 tasse
15 ml	Persil séché ou 45 ml (3 c. à table) d'herbes fraîches	1 c. à table
45 ml	Farine ou farine blanche non-blanchie	3 c. à table
375 ml	Lait 2 %	1 1/2 tasse
250 ml	Fumet de poisson ou bouillon de poulet	1 tasse
125 ml	Vin blanc	1/2 tasse
120 g de chair	Homard	1/4 lb (4 oz)
15 ml	Thym frais, haché	1 c. à table
Au goût	Sel de mer et poivre du moulin	
1 pincée	Cayenne	

Potage du sextant

Potage ou bisque de homard

Potage
Donne 6 portions

Faire chauffer l'huile d'olive dans une casserole à feu moyen. Y ajouter l'ail, l'oignon et les autres légumes. Incorporer la farine. Verser graduellement le lait, le bouillon et le vin en remuant. Laisser mijoter tout en remuant jusqu'à épaississement. Ajouter la chair de homard et les assaisonnements. Laisser mijoter 2 minutes. Pour obtenir une bisque, passer le tout au robot culinaire et le tour est joué !

	Le brocoli est l'un des légumes les plus riches en sulforafane, un composé anticancéreux.	20 mg
		Françoise Landry

93

450 g de filets	Morue fraîche ou aiguillat	1 lb (16 oz)
15 ml	Huile d'olive	1 c. à table
125 ml	Oignon, haché finement	1/2 tasse
1 boîte	Crème de céleri (faible en matières grasses)	10 oz
250 ml	Fumet de poisson	1 tasse
225 g	Palourdes fraîches ou 1 boîte (142 g) de palourdes ou couteau de mer	1/2 lb (8 oz)
250 ml	Lait 2 %	1 tasse
Au goût	Sel de mer et poivre blanc	
45 ml	Persil frais haché	3 c. à table

symphonie d'un fleuve

chaudrée du pêcheur

Potage
Donne 6 portions

Couper les filets de morue en gros morceaux de 2 cm^2 environ. Attendrir l'oignon dans l'huile. Ajouter la crème de céleri, les palourdes, le fumet de poisson et le lait. Laisser mijoter lentement jusqu'à consistance désirée. Ajouter le persil frais et assaisonner au goût avec du sel de mer et du poivre blanc.

Les palourdes sont très riches en fer. Le fer est un constituant de l'hémoglobine qui a pour rôle de transporter l'oxygène dans nos cellules.

200 mg (première suggestion de poisson ou de fruits de mer)

Louise Dupuis

225 g	Crevettes cuites **Langlois**	1/2 lb (8 oz)
225 g	Moules cuites ou mactres d'Amérique	1/2 lb (8 oz)
225 g	Morue fraîche ou aiguillat ou baudroie ou loup de mer	1/2 lb (8 oz)
1 (680 g)	Homard, cuit et décortiqué	1 1/2 lb (24 oz)
Au goût	Coriandre, sel de mer, poivre du moulin et persil frais	

Les légumes (coupés grossièrement)

1	Blanc de poireau	
1/2	Oignon espagnol	
4	Échalotes françaises	
4 branches	Céleri	
4 à 5	Carottes, coupées en rondelles	
4 à 5	Pommes de terre, coupées en cubes	
250 ml	Fumet de poisson	1 tasse
250 ml	Vin blanc sec	1 tasse
45 ml	Huile d'olive	3 c. à table
15 ml	Beurre	1 c. à table

Le bouillon

750 ml	Lait 2 %	3 tasses
250 ml	Crème champêtre 15 %	1 tasse
225 g	Fromage **Pied de Vent** des Îles-de-la-Madeleine ou encore un fromage double crème	1/2 lb (8 oz)

Tempête au large

Chaudrée de poisson

Potage
Donne 8 portions

Dans une grande marmite, faire revenir à feu moyen les légumes dans l'huile et le beurre pendant environ 5 minutes. Ajouter le fumet de poisson et le vin et laisser cuire 10 minutes (légumes encore croquants). Ajouter la morue et laisser cuire 5 à 7 minutes. Incorporer le reste des poissons et fruits de mer, juste assez pour réchauffer le tout. Assaisonner de persil frais, de sel de mer et de poivre du moulin au goût et d'un peu de coriandre moulue. Par la suite, ajouter la crème, le lait et le fromage. Remuer jusqu'à ce que le fromage soit entièrement fondu. Il est important de ne pas faire bouillir la chaudrée. Servir avec un bon pain croûté chaud.

Les moules ont une valeur nutritive exceptionnelle. Elles sont riches en vitamine du complexe B, telles la riboflavine, la niacine, l'acide folique et la vitamine B12. Elles sont aussi riches en fer et en zinc.

360 mg (première suggestion de poisson ou de fruits de mer)

Anick et Dany Gasse

1 darne	Saumon frais ou sébaste ou alose	
60 ml	Yogourt nature (1 % de matières grasses)	1/4 tasse
1/2	Citron (le jus seulement)	
2 ml	Poudre de cari	1/2 c. à thé
250 ml	Pomme verte, non pelée et coupée en cubes	1 tasse
250 ml	Céleri, coupé en biseaux	1 tasse
125 ml	Raisins secs	1/2 tasse
15 à 20	Raisins rouges sans pépin, coupés en deux	
60 ml	Noix de Grenoble, hachées	1/4 tasse
Au goût	Sel de mer et poivre	
1	Bouquet garni	

Brise fraîcheur

Salade automnale de saumon

Salade
Donne 4 portions

Cuire la darne de saumon à la vapeur avec un bouquet garni. Laisser refroidir et pendant ce temps mélanger tous les autres ingrédients dans un bol, sauf ceux de la vinaigrette (yogourt, jus de citron, poudre de cari). Composer votre salade et arroser le tout de la vinaigrette. Assaisonner.

Le yogourt contient de bonnes bactéries qui améliorent notre capacité à digérer le lactose du lait.

1 100 mg (première suggestion de poisson ou de fruits de mer)

Maryse Lepage

120 g	Concombre de mer ou calmar	1/4 lb (4 oz)
500 ml	Chou chinois, émincé	2 tasses
250 ml	Brocoli en bouquet	1 tasse
1	Blanc de poireau, émincé	
1/2 (chacun)	Poivrons vert et jaune, en juliennes	
2 ml	Racine de gingembre, râpé	1/2 c. à thé
60 ml	Amandes tranchées ou graines de sésame blanches ou pistaches écrasées	4 c. à table
Au goût	Sel de mer et poivre	
1	Lime (le jus seulement)	
45 ml	Huile d'olive	3 c. à table

Cueillette sous-marine

Salade de concombre de mer

Salade
Donne 4 portions

Dans un wok, faire chauffer l'huile et y ajouter le gingembre râpé. Faire revenir les autres légumes jusqu'à la cuisson désirée. Retirer du wok. En ajoutant à nouveau un peu d'huile d'olive, faire revenir les tranches de concombre de mer ou les calmars pendant 2 à 3 minutes. Ajouter les légumes, puis les assaisonnements et le jus de lime. Réchauffer et ajouter les amandes au moment de servir.

Les amandes et le chou chinois sont deux bonnes sources végétales de calcium.		57 mg (concombre de mer)
		Monette Dion

225 g	Saumon fumé **Atkins et Frères**	1/2 lb (8 oz)
1	Laitue fraîche (un mélange conviendrait)	
Vinaigrette		
1	Jaune d'œuf oméga-3, cru	
10 ml	Moutarde de Dijon	2 c. à thé
2	Échalotes françaises, hachées finement	
60 ml	Vinaigre de framboise	1/4 tasse
180 ml	Sirop d'érable	3/4 tasse
1 ml	Ciboulette fraîche, hachée	1/4 c. à thé
1 ml	Estragon frais, haché	1/4 c. à thé
Au goût	Sel de mer et poivre (attention : le saumon fumé est déjà salé)	
Au goût	Poivre de Cayenne	
180 ml	Huile d'olive	3/4 tasse

Esquif enfumé

Salade tiède de saumon fumé

Salade
Donne 4 portions

Mélanger tous les ingrédients de la vinaigrette dans un robot culinaire ou avec un mélangeur. Incorporer 60 ml (4 c. à table) de vinaigrette à la salade juste avant le service. Dresser le saumon fumé tranché et bien tempéré sur la salade. Pour une salade tiède, dresser le saumon fumé dans une assiette, arroser de quelques onces de rhum, flamber et ajouter à la laitue. Ajouter le jus résiduel à la vinaigrette.

Le poivre de Cayenne aiderait à diluer les sécrétions chargées de mucus lors de congestion. Cependant, n'en abusez pas puisqu'il peut irriter les muqueuses.	1 220 mg
	Atkins et Frères (Chef Jean-Claude Roy)

103

625 ml	Riz cuit (de préférence un mélange de riz brun et de riz sauvage)	2 1/2 tasses
180 g	Crevettes fraîches **Langlois**	1/3 lb (5 oz)
125 ml	Céleri, coupé en biseau	1/2 tasse
125 ml	Poivron rouge, haché	1/2 tasse
3	Échalotes vertes, hachées	
7 ml	Paprika	1/2 c. à table
45 ml	Crème sure 1 %	3 c. à table
60 ml	Crème 15 %	1/4 tasse
60 ml	Basilic frais, haché finement	1/4 tasse
1	Quartier de citron (le jus seulement)	
Au goût	Sel de mer et poivre	

Frimas d'amour de crevettes gaspésiennes

Salade de riz aux crevettes

Salade
Donne 4 portions

Mélanger tous les ingrédients et verser dans un bol à salade. Servir froid.

Le riz brun est très riche en magnésium, comparé au riz blanc. Le magnésium est un élément qui contribue à la détente musculaire.

140 mg

Denise Dugas

2	Oeufs oméga-3 cuits durs	
1 sac	Pâtes biologiques trois couleurs (forme de votre choix)	
1 boîte (170 g)	Thon blanc en morceaux dans l'eau	6 oz
1 à 2	Échalotes françaises, hachées	
Vinaigrette		
125 ml	Yogourt nature 1 %	1/2 tasse
60 ml	Crème champêtre 15 %	1/4 tasse
15 ml	Moutarde de Dijon	1 c. à table
30 ml	Vinaigre balsamique	2 c. à table
15 ml	Ciboulette, hachée	1 c. à table
Au goût	Sel de mer et poivre	
1 ml	Sucre ou sucre brut	1/4 c. à thé

Prière du pêcheur

Salade de pâtes au thon

Salade
Donne 4 portions

Faire cuire les pâtes biologiques dans une bonne quantité d'eau bouillante salée, égoutter et réserver. Trancher les œufs durs. Monter la vinaigrette et réserver. Mélanger tous les ingrédients, verser dans un grand plat creux, puis arroser de vinaigrette.

Cher Steve, merci d'avoir débuté avec nous cette belle aventure «recette-photo». Tu as été un capitaine extraordinaire. Continue à bien guider ton bateau.

Maryse

Le thon blanc en conserve contient plus d'oméga-3 que le thon pâle.	360 mg
	Chef Steve Lévesque

1 boîte	Crème de céleri (faible en matières grasses)	10 oz
60 ml	Lait 2 %	1/4 tasse
1	Crabe (les pattes seulement), cuit et décortiqué	
250 ml	Riz brun, cuit	1 tasse
Au goût	Sel de mer et poivre	
4 tranches	Pain de blé entier	
250 ml	Fromage râpé (faible en matières grasses) pour gratiner	1 tasse

Prise en cage

Crabe Saint-Germain

Salade
Donne 8 portions

Mélanger la crème de céleri avec le lait. Ajouter le riz et le crabe. À l'aide d'une fourchette, disposer la préparation sur les tranches de pain. Garnir de fromage râpé et faire cuire au four à 325 °F pendant 10 à 15 minutes.

Le pain de blé entier utilisé comme croûte est un agréable substitut santé à la pâte feuilletée !	Trace
	Anne Lepage

225 g	Maquereau fumé **Atkins et Frères**	1/2 lb (8 oz)
180 ml	Betteraves marinées, coupées en cubes ou en lanières	3/4 tasse
180 ml	Pommes de terre blanchies, coupées en tout petits cubes	3/4 tasse
2 à 3	Échalotes françaises, hachées finement	
180 ml	Crème sure 1 %	3/4 tasse

Retour du Galion

Salade de maquereau fumé

Salade
Donne 4 portions

Couper ou briser le maquereau fumé en morceaux. Mélanger tous les ingrédients (sauf le maquereau) dans un bol. Partager également dans 4 assiettes, puis y déposer les morceaux de maquereau fumé.

La betterave contient de bonnes quantités d'acide folique et de fer, deux éléments essentiels à la qualité du sang.

1 300 mg

Atkins et Frères

30 ml	Huile d'olive	2 c. à table
30 ml	Beurre	2 c. à table
4 darnes	Saumon	
Au goût	Sel de mer et poivre	
30 ml	Persil frais, haché	2 c. à table
225 g	Pleurotes frais (champignons), tranchés	1/2 lb (8 oz)
125 ml	Crème champêtre 15 %	1/2 tasse
160 ml	Vin blanc	2/3 tasse
30 ml	Jus de citron	2 c. à table
15 ml	Origan frais, haché	1 c. à table
5 ml	Paprika	1 c. à thé

Bonne prise

Saumon aux champignons

Plat principal
Donne 4 portions

Huiler un plat allant au four. Assaisonner les darnes de saumon avec le sel et le poivre. Déposer les darnes dans le plat. Répartir parcimonieusement des noisettes de beurre sur le saumon. Parsemer de la moitié du persil et faire griller au four (sous le gril) de 8 à 10 minutes en les tournant à mi-cuisson, jusqu'à ce qu'elles soient bien dorées. Retirer le plat du four. Réserver au chaud dans un plat de service.

Sauce :
Faire revenir les champignons dans l'huile, à feu vif, et cuire 3 minutes environ. Déglacer avec le vin blanc. Incorporer la crème 15 %, le jus de citron, l'origan, le paprika et le persil. Laisser mijoter de 2 à 3 minutes en brassant de façon continue sans toutefois amener à ébullition. Retirer du feu. Verser la sauce sur les darnes grillées.

 Le sel de mer gris contient du magnésium et donne plus de saveur, mais ne contient pas d'iode. Il ne faut pas en abuser, puisqu'il contient autant de sodium que le sel blanc.

 4 400 mg (pour 230 g de saumon cru)

Bérengère Therrien

2 filets	Maquereau avec la peau (450 g chacun)	2 lb (32 oz)
80 ml	Huile d'olive	1/3 tasse
2	Gousses d'ail, écrasées	
1 trait	Sauce Harissa diluée dans 45 ml (3 c. à table) d'eau	
15 ml	Cumin	1 c. à table
Au goût	Sel de mer et poivre	
1	Citron coupé en quartier	

Brouillard mystérieux

Maquereau grillé au cumin

Plat principal
Donne 4 portions

Faire deux entailles profondes en biais de chaque côté des filets. Dans un bol, mélanger l'huile, l'ail, la sauce Harissa, le cumin, le sel et le poivre. Y plonger les filets pour les en enduire. Faire mariner au réfrigérateur pendant 4 heures, en les retournant de temps en temps. Griller les filets sous le gril du four (broil) ou sur le barbecue, côté peau en dessous. Servir avec le citron frais.

N.B. La sauce harissa est une pâte de piments rouges et d'ail, assaisonnée de coriandre, de cumin et de sel. On peut la remplacer par du poivre de Cayenne ou du paprika.

La capsicine, contenue dans les piments de chili de la sauce Harissa favoriserait la perte de poids. Cependant, n'en abusez pas, puisqu'elle est un irritant important du tube digestif.	5 220 mg	
	Chef Yvan Belzile	

1 paquet	Pâtes biologiques au blé entier	
120 g	Crevettes fraîches **Langlois**	1/4 lb (4 oz)
120 g	Pétoncles frais	1/4 lb (4 oz)
120 g	Saumon frais (darne ou filet)	1/4 lb (4 oz)
1	Bouquet garni (une feuille de laurier, une branche de céleri, herbes fraîches de son choix)	
1	Citron (le jus seulement)	
1	Échalote française, hachée finement	
15 ml	Huile d'olive	1 c. à table
125 ml	Crème champêtre 15 %	1/2 tasse
30 ml	Pâte de tomates	2 c. à table
Au goût	Sel de mer et poivre	
15 ml	Ciboulette fraîche, hachée	1 c. à table

Cap sur la côte

spaghetti aux fruits de mer

Plat principal
Donne 4 portions

Cuire les pâtes selon la méthode habituelle et réserver. À l'aide d'une marguerite (passoire trouée permettant à la vapeur de passer), cuire le saumon avec le bouquet garni, quelques minutes seulement. Dans un poêlon faire chauffer l'huile et y déposer l'échalote française hachée; rendre transparente. Y ajouter la crème et poursuivre en ajoutant la pâte de tomates. Remuer pour rendre le mélange homogène et assaisonner. Terminer en ajoutant à la sauce; les fruits de mer, le saumon en morceaux et la ciboulette. Verser la sauce sur les pâtes chaudes.

Le jus de ciboulette serait un excellent vermifuge.	700 mg	
	Francine Lévesque	

2	Baguettes (de pain) fraîches croûtées 100 % blé entier (de type ficelle)	
4 darnes	Saumon frais (environ 1/2 po d'épaisseur chacune)	
1	Citron (le jus seulement)	
60 ml	Huile d'olive	1/4 tasse
1 branche	Aneth frais	
	Mesclun (jeunes pousses fraîches)	
4	Tomates italiennes, tranchées	
Au goût	Poivre du moulin, le rose serait une belle alternative	
	Fromage fin chambré (température ambiante), **Jeune Cœur** des Îles-de-la-Madeleine par exemple	

Casse-croûte du matelot

sandwich de saumon grillé

Plat principal
Donne 4 portions

Quelques heures avant de les griller au barbecue ou sous le gril du four (broil), faire mariner les darnes de saumon dans l'huile, le citron et l'aneth frais. Au moment de la cuisson, éviter de trop les cuire pour ne pas assécher le saumon. Réchauffer (ou cuire) les baguettes de pain entières au four.

Montage du sandwich :
Au sortir du four, diviser les pains baguette en deux parties égales et trancher dans le sens de la longueur. Ouvrir la baguette, garnir de laitue fraîche (mesclun), puis de tomates et poivrer de quelques tours du moulin. Placer les darnes grillées (chaudes ou froides, au goût) et terminer par le fromage. Couronner le tout par la seconde partie de pain croûté.

Il est préférable, afin de ne pas détremper le pain, de placer les tomates entre la laitue et la darne de saumon lors du montage du sandwich.

N.B. Pour agrémenter le sandwich, faire une sauce moutarde de Meaux (à l'ancienne) et de crème champêtre 15 %, dans une proportion de 60 ml (1/4 tasse) de moutarde et de 60 ml (1/4 tasse) de crème, ou accompagner tout simplement d'une sauce tartare.

Le mesclun est un mélange de mini-laitues (mini-romaine rouge et verte, feuilles de chêne rouge et verte, lollo rosa, tango, frisée, radicchio, mizuna, arugula, mini-carde rouge, mini-épinard). Toute une variété de légumes dans votre assiette en un seul repas.	4 400 mg
	Dany Gasse

4 tranches	Pain de seigle, grillé	
450 g	Saumon fumé ou truite fumée **Atkins et Frères**	1 lb (16 oz)
12	Petits œufs de caille (3 par convive) ou 4 gros œufs oméga-3	
60 ml	Vinaigre de vin	1/4 tasse
1 litre	Eau	4 tasses
15 ml	Sel de mer	1 c. à table
4 tranches	Tomate italienne	
4 tranches	Fromage suisse ou autre, au goût	
500 ml	Sauce hollandaise allégée, chaude (voir page 51)	2 tasses
16	Asperges fraîches ou 1/2 sac d'épinards blanchis	
Au goût	Poivre du moulin	

Déjeuner sur le pont

Oeufs pochés, sauce hollandaise sur un croûton grillé

Plat principal
Donne 4 portions

Pocher les œufs dans une bonne quantité d'eau salée et vinaigrée (2 minutes suffisent). Retirer les œufs et les réserver. Procéder au montage comme suit : dans une grande assiette, déposer le pain de seigle grillé. Placer les asperges blanchies ou les épinards, la tranche de tomate, le saumon fumé, les œufs de caille pochés (3 par convive), le fromage suisse et finalement napper le tout de la sauce hollandaise chaude. Enfin, quelques tours du moulin à poivre.

N.B. Pour un plat plus faible en gras saturés, réduire de moitié la quantité de sauce hollandaise.

L'œuf est l'une des rares sources alimentaires de vitamine D. Elle est concentrée dans le jaune.	 2 400 mg (saumon fumé)
	Dany Gasse

15 ml	Beurre	1 c. à table
15 ml	Huile d'olive	1 c. à table
360 g de filets	Cabillaud (morue fraîche)	3/4 lb (12 oz)
Beurre blanc		
45 ml	Vinaigre de vin blanc	3 c. à table
45 ml	Vin blanc	3 c. à table
45 ml	Crème 15 %	3 c. à table
105 g	Beurre froid	7 c. à table

Échouage au récif

Cabillaud au beurre blanc

Plat principal
Donne 2 portions

Cuire le cabillaud dans un peu d'huile et de beurre dans un poêlon. À la mi-cuisson, retourner et poursuivre la cuisson, couvrir et réserver. Dans une petite casserole, faire réduire le vinaigre de vin et le vin presqu'à sec. Y ajouter la crème et réduire à nouveau. Hors du feu ou à feu très doux, incorporer le beurre froid à l'aide d'un fouet. Déposer le cabillaud dans une assiette chaude et verser le beurre blanc autour du poisson.

N.B. Doit être consommé avec modération étant donné la teneur élevée en gras saturés du beurre blanc.

	La morue, comme tous les poissons, contient autant de protéines que la viande et la volaille.	330 mg
		Chef Yvan Belzile

120 g	Crevettes fraîches **Langlois**	1/4 lb (4 oz)
120 g	Champignons frais	1/4 lb (4 oz)
1	Échalote française, hachée	
15 ml	Persil frais, haché	1 c. à table
30 ml	Crème sure 1 %	2 c. à table
1	Citron (le jus seulement)	
7 ml	Moutarde de Dijon	1/2 c. à table
8 filets	Sole	
Au goût	Sel de mer et poivre	
125 ml	Vin blanc	1/2 tasse
15 ml	Persil frais haché	1 c. à table
La béchamel (voir page 50)		

Effets de la marée

Filets de sole farcis aux crevettes en béchamel

Plat principal
Donne 4 portions

Mélanger les crevettes, les champignons et l'échalote. Ajouter la crème sure et la moutarde. Laver les filets et les assécher. Saler et poivrer. Garnir les filets de la farce. Les rouler et fixer à l'aide d'un cure-dent. Disposer les filets farcis dans un plat allant au four, puis arroser de vin blanc. Ajouter le jus de citron et le persil. Cuire au four à 375 °F pendant 15 à 20 minutes. Réserver. Servir avec la sauce béchamel.

Merci du fond du cœur à Julie-Léa de m'avoir aidé à concrétiser ce rêve à l'été 2001. Je suis certaine que tout ce que tu entreprendras te mènera très loin, et je te souhaite que tes rêves se réalisent. Je t'aime.

Maryse

| | Les crevettes sont riches en sélénium, un minéral qui aide à prévenir certains cancers. | | 500 mg |
| | | | Lise Deschênes |

4 filets	Saumon frais	
120 g	Saumon fumé **Atkins et Frères**	1/4 lb (4 oz)
Au goût	Sel de mer et poivre	
15 ml	Huile d'olive	1 c. à table
15 ml	Beurre	1 c. à table
Beurre blanc au gingembre et à l'érable		
1	Échalote française	
5 ml	Gingembre frais, haché	1 c. à thé
5 ml	Beurre fondu	1 c. à thé
250 ml	Vin blanc	1 tasse
125 ml	Sirop d'érable	1/2 tasse
125 ml	Crème champêtre 15 %	1/2 tasse
360 g	Beurre froid, coupé en cubes	3/4 lb (12 oz)
Au goût	Sel de mer et poivre blanc moulu	

En remontant la rivière Sainte-Anne

Effeuillades de saumon sauce au gingembre

Plat principal
Donne 4 portions

Trancher les filets de saumon frais à l'horizontale deux fois. Placer le saumon fumé entre les couches de saumon frais. Assaisonner le saumon et le saisir dans un poêlon chaud dans l'huile d'olive et le beurre, jusqu'à ce qu'il soit légèrement doré. Terminer la cuisson au four à 225 °F pendant 12 à 15 minutes.

Beurre blanc au gingembre et à l'érable :
Faire revenir les échalotes et le gingembre dans le beurre fondu à feu doux pendant 5 minutes. Ajouter le sirop d'érable et faire réduire du 2/3. Ajouter la crème 15 % et réchauffer pendant 3 minutes. Retirer du feu et ajouter les cubes de beurre froid, 3 ou 4 à la fois, en fouettant. Assaisonner le tout. Servir avec les effeuillades de saumon.

N.B. Doit être consommé avec modération étant donné la teneur élevée en gras saturés du beurre blanc.

 Le gingembre aurait des propriétés anti-inflammatoires très puissantes.

 3 500 mg (une portion de 150 g de saumon cru)

Atkins et Frères (Chef Roy Kaercher)

1 paquet	2 pâtes à pizza minces et carrées (du commerce)	
1 paquet	Pesto de tomates séchées	
450 g	Crevettes géantes, grillées (environ une trentaine)	1 lb (16 oz)
450 g	Champignons pleurotes ou Portabella, tranchés	1 lb (16 oz)
3	Échalotes françaises, coupées en rondelles	
60 ml	Vin rouge	1/4 tasse
1	Petit oignon rouge, tranché en rondelles fines	
450 g	Fromage mozzarella léger, râpé (un mélange de trois fromages ferait l'affaire)	1 lb (16 oz)
45 ml	Romarin frais	3 c. à table

Étoiles de mer croustillantes

Pizzas fines

Plat principal
Donne 6 portions

Dans un poêlon chaud, faire revenir les échalotes et les champignons dans un peu d'huile. Déglacer avec le vin rouge. Réserver. Sur une plaque allant au four, déposer les pâtes à pizza, préalablement coupées en deux pour former des triangles. Étendre le pesto de tomates en guise de sauce. Garnir avec les champignons grillés et les crevettes géantes grillées. Poivrer et étendre le fromage, assaisonner de romarin frais et mettre au four sous le gril pour réchauffer le tout.

Un pur délice si réchauffé sur le gril du barbecue, dont la fumée augmentera grandement les saveurs. Servir avec une bière fraîche.

| L'oignon rouge donne beaucoup de saveur; il est plus sucré que l'oignon blanc. | 240 mg |
| | Dany Gasse |

Les légumes			
2	Poivrons (un rouge et un vert)		
1/2	Oignon espagnol		
3 à 4	Échalotes françaises		
5 branches	Céleri		
450 g	Champignons de Paris		1 lb (16 oz)
45 ml	Huile d'olive		3 c. à table
7 ml	Beurre		1/2 c. à table
La béchamel (voir page 50)			
Les fruits de mer et poissons			
450 g	Crevettes fraîches **Langlois**		1 lb (16 oz)
225 g	Saumon cuit, coupé en cubes ou alose		1/2 lb (8 oz)
120 g	Moules, cuites et décortiquées ou mactres d'Amérique ou couteaux de mer		1/4 lb (4 oz)
225 g	Pétoncles cuits		1/2 lb (8 oz)
120 g	Morue, cuite et coupée en morceaux ou aiguillat ou baudroie		1/4 lb (4 oz)
Quelques pièces	Homard, cuit et décortiqué		
La garniture			
180 ml (chacun)	Fromage léger (un mélange de trois fromages ferait l'affaire)		3/4 tasse (chacun)
1	Baguette de blé entier coupée en cubes		
	Herbe fraîche hachée (au choix)		

Fiançailles sous les tangons

Gratin de fruits de mer

Plat principal
Donne 8 portions

Dans le beurre et l'huile, faire revenir les légumes préalablement hachés grossièrement. Égoutter et réserver. Dans une cocotte à fond épais, faire un roux avec l'huile et le beurre et mouiller au vin blanc. Ajouter le lait chaud et la crème, porter à ébullition. Assaisonner et ajouter les herbes sélectionnées. Mélanger les légumes cuits à la sauce, réserver à nouveau. Dans un plat creux allant au four, déposer tous les poissons et fruits de mer, puis couvrir de sauce. Garnir avec le fromage, le pain coupé en cubes et l'herbe fraîche hachée de son choix, le thym par exemple. Faire dorer au four à 375 °F. Servir sur du riz brun ou encore sur des pâtes fraîches.

Le poivron rouge contient 2 fois plus de vitamine C que le poivron vert et 9 fois plus de vitamine A. Si vous éprouvez de la difficulté à digérer les poivrons, pelez-les avant de les manger.

940 mg (première suggestion de poisson ou de fruits de mer)

Anick et Dany Gasse

450 g	Pâte à pain ou à pizza	1 lb (16 oz)
1	Oignon espagnol, coupé en quartiers	
360 g	Saumon fumé **Atkins et Frères**	3/4 lb (12 oz)
45 ml	Petites câpres, rincées	3 c. à table
Au goût	Poivre du moulin	
1 rondin	Fromage de chèvre	
Au goût	Fines herbes fraîches	
60 ml	Sauce béchamel froide (voir page 50)	1/4 tasse
1 boîte	Sauce à pizza commerciale	
	Huile d'olive	

Foccacia des moussaillons

Pizza rustique pain maison

(si sauce à pizza commerciale)

Plat principal
Donne 4 portions

Après avoir étiré la pâte avec les mains, déposez-la sur une surface enfarinée. Puis, enfoncer les doigts dans la pâte pour former des trous importants sur toute la surface. Le produit terminé devrait avoir une forme ovale. Glisser sur une plaque allant au four et précuire à 375 °F pendant 15 minutes (dorer légèrement). Si toutefois la pâte prenait trop de volume pendant la cuisson, sortir, et enfoncer à nouveau les doigts en portant attention de ne pas se brûler. Retourner au four, afin de poursuivre la cuisson. Retirer du four et étendre la sauce de son choix (béchamel et sauce à pizza à la tomate ou béchamel et pesto au basilic)*. Placer les quartiers d'oignon, et le saumon fumé en rosaces partout sur la surface. Poivrer et faire couler un filet d'huile d'olive sur les rosaces de saumon. Ajouter les câpres et le fromage de chèvre en petits morceaux, ainsi que les herbes fraîches. Mettre à nouveau au four pour griller le tout.

*Variante : 60 ml (1/4 tasse) de sauce béchamel, puis remplacer la sauce à pizza commerciale par un bon pesto au basilic (1 sachet).

	Les produits laitiers de la chèvre sont très nutritifs et faciles à digérer.	2 440 mg
		Dany Gasse

133

30 ml	Beurre	2 c. à table
15 ml	Huile d'olive	1 c. à table
1	Blanc de poireau, coupé en juliennes	
2 branches	Céleri, coupé en juliennes	
125 ml	Vin blanc	1/2 tasse
125 ml	Bouillon de poulet	1/2 tasse
15 ml	Persil frais, haché	1 c. à table
Au goût	Sel de mer et poivre	
1	Feuille de laurier	
680 g	Pétoncles frais	1 1/2 lb (24 oz)
1	Poivron rouge, coupé en juliennes	
125 ml	Jus de clémentine	1/2 tasse
1/2	Citron (le jus seulement)	
15 ml	Farine ou farine blanche non-blanchie	1 c. à table
125 ml	Crème champêtre 15 %	1/2 tasse
2	Clémentines dont les suprêmes sont prélevés (pelure, membranes et parties blanches retirées)	
8 feuilles	Pâte phyllo	

Harmonie de pétoncles et de clémentines en aumônières

Baluchons farcis

Plat principal
Donne 8 portions

Dans un poêlon, faire fondre la moitié du beurre et l'huile. Ajouter le poireau et le céleri. Couvrir et mijoter 5 minutes. Ajouter le vin, le bouillon de poulet, le persil, la feuille de laurier et les assaisonnements. Faire cuire 5 minutes. Ajouter les pétoncles et le poivron. Laisser cuire jusqu'à ce qu'ils soient tendres. Retirer la feuille de laurier et le persil. Retirer ensuite les pétoncles et les légumes. Réserver au chaud. Ajouter dans la casserole le jus de clémentine et de citron. Porter à ébullition et cuire 2 minutes. Réduire à feu doux et faire un beurre manié avec le restant du beurre et de la farine. Incorporer à la sauce en fouettant. Faire cuire jusqu'à l'obtention d'une sauce homogène. Petit à petit, y incorporer la crème. Remettre les pétoncles et les légumes dans la sauce. Refroidir légèrement. Pendant ce temps, badigeonner chacune des feuilles de pâte phyllo, selon la méthode du fabricant. Couper les feuilles en 4 parties égales. Superposer les parties, puis déposer la préparation au centre du carré. Refermer les baluchons en remontant les 4 coins et en tournant légèrement la pâte. Faire dorer au four 8 à 10 minutes.

	La clémentine est issue du croisement entre la mandarine et l'orange amère. Elle contient beaucoup de bioflavonoïdes, des antioxydants qui protègent la paroi des vaisseaux sanguins.	30 mg
		Guylaine Fournier, chef de chœur

680 g	Flétan du Grœnland ou turbot	1 1/2 lb (24 oz)
125 ml	Crème 15 %	1/2 tasse
30 ml	Moutarde à l'ancienne	2 c. à table
Au goût	Sel de mer et poivre	
Sauce tomate		
30 ml	Huile d'olive	2 c. à table
1	Oignon	
2	Échalotes françaises	
1 boîte	Tomates	28 oz
1	Gousse d'ail, écrasée	
2 ml	Sucre	1/2 c. à thé
	Thym frais	
	Basilic frais	

Histoire de pêche

Flétan du Grœnland à la graine de moutarde et à la tomate

Plat principal
Donne 4 portions

Sauter les oignons, les échalotes et l'ail dans l'huile. Ajouter les tomates, assaisonner avec le thym et le basilic. Faire cuire 20 minutes. Fouetter la crème, y ajouter le sel, le poivre et la moutarde. Étendre la crème à la moutarde sur le poisson. Saler et poivrer. Cuire le poisson sous le gril du four (broil). Placer la sauce chaude dans les assiettes de service et y déposer le poisson grillé.

	Le flétan est très riche en magnésium. Le magnésium est important puisqu'il participe à la régulation du rythme cardiaque.	610 mg (première suggestion de poisson ou de fruits de mer)
		Chef Yvan Belzile

137

30 ml	Huile d'olive	2 c. à table
30 ml	Beurre	2 c. à table
30 ml	Farine ou farine blanche non-blanchie	2 c. à table
250 ml	Fumet de poisson	1 tasse
250 ml	Bouillon de poulet	1 tasse
3	Échalotes françaises, hachées	
225 g	Champignons, frais tranchés	1/2 lb (8 oz)
125 ml	Vin blanc	1/2 tasse
450 g	Crevettes fraîches **Langlois**	1 lb (16 oz)
450 g	Crabe, cuit et décortiqué	1 lb (16 oz)
450 g	Pétoncles frais	1 lb (16 oz)
250 ml	Fromage râpé	1 tasse

Journée dans l'île

Gratin de poisson

Plat principal
Donne 6 portions

Dans un poêlon, chauffer l'huile et le beurre et y incorporer la farine. Ajouter graduellement le fumet de poisson et le bouillon. Fouetter jusqu'à ce que la sauce
devienne consistante. Dans un second poêlon, faire revenir dans un peu d'huile les
échalotes et les champignons et les ajouter à la sauce. Y verser le vin, mélanger et
poursuivre la cuisson pendant 2 minutes. Incorporer les fruits de mer en remuant
jusqu'à ce qu'ils soient cuits. Déposer dans un plat à gratin. Parsemer de fromage
et gratiner sous le gril jusqu'à ce qu'il soit bien doré.

Les olives contiennent de bons gras. En-viron 15 olives noires équivalent à 1 c. à table d'huile d'olive.	300 mg
	Francine Lévesque

500 ml	Riz brun ou moitié riz blanc et moitié riz sauvage	2 tasses
750 ml	Eau	3 tasses
250 ml	Fumet de poisson	1 tasse
7 ml	Curcuma	1/2 c. à table
1	Saumon frais entier, paré	
Au goût	Sel de mer et poivre blanc	

La cale secrète

saumon farci

Plat principal
Donne de 6 à 8 portions

Cuire le riz dans l'eau et le fumet de poisson avec les assaisonnements environ 25 minutes. Refroidir et réserver. Déposer le saumon sur une grande feuille de papier d'aluminium huilée. Farcir le saumon (ventre) et le ficeler de la tête à la queue. Huiler légèrement le saumon à l'aide d'un pinceau de cuisine et assaisonner. Envelopper le tout et cuire au four à 500 °F pendant les 15 premières minutes et poursuivre la cuisson à 400 °F pendant 30 minutes supplémentaires ou jusqu'à ce que le saumon soit bien tendre.

	L'oignon contient une substance susceptible d'abaisser le taux de sucre sanguin chez les diabétiques.		2 870 mg (pour 150 g de saumon cru)
			Cécile Lévesque St-Laurent

450 g de filets	Morue fraîche, cuite à la vapeur	1 lb (16 oz)
1/2	Oignon haché	
1/2 (chacun)	Poivrons vert, rouge et jaune, coupés en dés	
30 ml	Huile d'olive	2 c. à table
1 petite boîte	Pâte de tomates	
1 boîte	Grosses tomates, coupées en dés	28 oz
Au goût	Sel de mer et poivre	
15 ml	Basilic frais, haché	1 c. à table
6	Pâtes à lasagne, cuites (biologiques et/ou de blé entier)	
500 ml	Fromage râpé	2 tasses
60 ml	Fromage parmesan, râpé	1/4 tasse

Lasagne du Capitaine Crochet

Lasagne au poisson

Plat principal
Donne 6 portions

Couper les filets de morue en gros morceaux, réserver. Attendrir les légumes dans l'huile. Ajouter les tomates, la pâte de tomates et les assaisonnements. Laisser mijoter 5 minutes. Faire cuire les pâtes selon la méthode habituelle. Huiler légèrement un plat allant au four, étendre la moitié des pâtes, puis recouvrir avec la moitié de la sauce. Y déposer quelques morceaux de poisson. Parsemer de fromage, et conserver le reste pour gratiner. Ajouter le reste des pâtes, poursuivre avec la sauce et le reste du poisson. Terminer par le fromage restant. Cuire au four à 375 °F de 20 à 30 minutes.

	Le poivron vert est un bon aliment pour le système immunitaire puisqu'il contient beaucoup de vitamine C.	140 mg
		Louise Dupuis

4 darnes	Saumon frais	
125 ml	Farine ou farine blanche non-blanchie	1/2 tasse
7 ml (chacun)	Sel de mer, poivre, épices pour fruits de mer (pour assaisonner la farine)	1/2 c. à table (chacun)
30 ml	Huile d'olive	2 c. à table
4 filets	Anchois, haché finement	
15 ml	Câpres	1 c. à table
225 g	Pleurotes, émincés	1/2 lb (8 oz)
15 ml	Persil frais, haché	1 c. à table
1/2	Citron (le jus seulement)	
Au goût	Sel de mer et poivre	

Le péché de la fille du capitaine

Saumon en darnes

Plat principal
Donne 4 portions

Assaisonner la farine avec le sel de mer, le poivre et les épices pour fruits de mer.
Enfariner les darnes. Dans un poêlon, faire revenir les darnes dans la moitié de
l'huile d'olive. Retourner. Saler et poivrer légèrement. Retirer les darnes du poêlon
et réserver au chaud. Remettre le poêlon sur le feu et y ajouter le reste de l'huile.
Ajouter les anchois, les câpres et les pleurotes. Faire cuire de 3 à 5 minutes. Ajouter
le persil et le jus de citron et cuire 1 minute. Servir avec le saumon.

Les champignons comme les pleurotes sont une bonne source de riboflavine (vitamine B2) et de niacine (vitamine B3), deux nutriments nécessaires à la production d'énergie.	4 400 mg	
	Cathie Labrie	

30 ml	Huile d'olive	2 c. à table
15 ml	Beurre	1 c. à table
2	Gousses d'ail, écrasées	
225 g	Crevettes fraîches, cuites **Langlois** ou espadon	1/2 lb (8 oz)
225 g	Pétoncles frais ou flétan	1/2 lb (8 oz)
60 ml	Persil frais, haché	1/4 tasse
1	Oignon espagnol, haché	
375 ml	Riz brun à grains longs	1 1/2 tasse
500 ml	Bouillon de poulet	2 tasses
250 ml	Eau	1 tasse
Au goût	Sel de mer et poivre	
2 branches	Céleri coupé	
2	Carottes, coupées en rondelles	
1	Grosse tomate, pelée et hachée	
1 paquet	Environ 15 à 20 pointes d'asperges fraîches ou en boîte	
125 ml	Fromage parmesan, râpé	1/2 tasse

Ôde à la mer

Risotto gaspésien

Plat principal
Donne 8 portions

Chauffer le beurre et l'huile et y faire revenir l'ail. Ajouter les pétoncles et les crevettes, sauter, puis retirer le tout à l'aide d'une écumoire et réserver. Dans la même casserole, faites revenir l'oignon jusqu'à transparence. Incorporer le riz, mouiller avec le bouillon et l'eau. Assaisonner avec le sel et le poivre. Amener à légère ébullition, baisser le feu et couvrir. Laisser mijoter 15 minutes environ (10 minutes si vous utilisez du riz blanc). Ajouter le céleri, les carottes et la tomate hachée. Couvrir et poursuivre la cuisson 5 minutes. Y placer les pointes d'asperges à la surface, couvrir à nouveau et cuire 5 autres minutes ou jusqu'à ce que les asperges et le riz soient à point. Remettre les fruits de mer dans la casserole, couvrir et réchauffer de 3 à 5 minutes. Au moment de servir, parsemer de fromage parmesan râpé.

	L'asperge contient de l'asparagine, une substance acide qui lui donne sa saveur particulière et qui est diurétique.		110 mg (première suggestion de poisson ou de fruits de mer)
			Diane Clavet

147

3 à 4 suprêmes	Poulet, coupé en cubes	
16	Pétoncles de grosseur 20-30 (gros)	
12	Langoustines	
1/2 (chacun)	Poivrons rouge et jaune, coupés en forme triangulaire	
1/2	Orange, coupée en forme triangulaire	
12	Tomates cerises	
45 ml	Graines de sésame noires	3 c. à table
15 ml	Huile d'olive	1 c. à table
Laque au miel		
45 ml	Miel	3 c. à table
125 ml	Sauce soya	1/2 tasse
105 ml	Fond de volaille	7 c. à table
90 ml	Vin blanc	6 c. à table

Passager clandestin

Brochettes terre et mer

Plat principal
Donne 4 brochettes

Saisir les cubes de poulet dans l'huile d'olive pour une première cuisson (coloration seulement). Passer les cubes dans la laque et saupoudrer de graines de sésame. Monter la brochette en alternant les ingrédients. Badigeonner avec le reste de la laque au miel. Faire cuire au four sous le gril, ou encore au barbecue. Retourner les brochettes pour une coloration et une cuisson égales.

Laque au miel :
Mélanger tous les ingrédients dans une casserole. Porter à ébullition à feu vif, réduire pendant 3 minutes, puis retirer du feu et laisser refroidir.

Bravo, Yvano, pour ta participation ! Tu as pu, malgré ton horaire chargé, mettre l'épaule à la roue avec succès.

Maryse

La viande blanche du poulet contient deux fois moins de matières grasses que la viande brune.	n.d.
	Chef Yvano Tremblay, Gîte du Mont-Albert

3 darnes	Saumon frais	
2	Échalotes françaises, hachées	
1/2	Oignon espagnol, haché finement	
1	Bouquet garni	
Au goût	Sel de mer et poivre	
8	Grosses pommes de terre, cuites et en purée	
	Crème 15 %	
	Beurre	
	Persil	
450 g	Pâte à tarte (voir page 51) ou deux abaisses commerciales	1 lb (16 oz)
120 g	Saumon fumé **Atkins et frères**	1/4 lb (4 oz)

Pâté des deux gaillards

Pâté aux deux saumons

Plat principal
Donne 6 portions

Cuire les darnes de saumon dans une petite casserole, avec les échalotes, l'oignon haché, le bouquet garni, le sel et le poivre, environ 10 minutes à feu moyen ou jusqu'à cuisson complète. Égoutter, réserver le saumon et les oignons dans une assiette. Enlever la peau du saumon et le bouquet garni. Monter la purée avec un peu de crème, de beurre, de sel de mer, de poivre et de persil. Attention, il est important de conserver une purée de consistance ferme. Ajouter les darnes et les oignons cuits, puis le saumon fumé. Abaisser la moitié de la pâte, ajouter la purée, puis rabattre l'autre moitié. Froncer. Avec les retailles, laisser aller son imagination pour décorer le pâté. Cuire au four à 375 °F pendant 20 minutes. Servir avec un beurre blanc et des rosaces de saumon fumé.

N.B. Pour un peu d'originalité… cuire le pâté dans un moule en forme de poisson.

	La pomme de terre est un aliment alcalin, c'est-à-dire qu'elle ne génère pas d'acides dans l'organisme.		2 630 mg
			Anick et Dany Gasse

Quelques heures avant le repas		
1 boîte (796 ml)	Tomates	28 oz
30 ml	Marjolaine, hachée	2 c. à table
15 ml	Basilic, haché	1 c. à table
2	Feuilles de laurier	
Au goût	Sel de mer et poivre du moulin	
15 ml	Safran	1 c. à table
Quelques heures plus tard		
45 ml	Huile d'olive	3 c. à table
2	Oignons espagnols, hachés	
1	Blanc de poireau, coupé grossièrement	
2 branches	Céleri	
1	Gousse d'ail, écrasée	
3	Pommes de terre, pelées et coupées en cubes	
1 litre	Fumet de poisson	4 tasses
1 darne	Saumon frais, coupé en morceaux	
120 g	Pétoncles	1/4 lb (4 oz)
120 g	Crabe, cuit et décortiqué	1/4 lb (4 oz)
120 g	Homard, cuit et décortiqué	1/4 lb (4 oz)
120 g	Cabillaud (morue) en morceaux ou flétan	1/4 lb (4 oz)

Pêche miraculeuse

Bouillabaisse

Plat principal
Donne 8 portions

Quelques heures avant le repas, mélanger les premiers ingrédients, réserver dans un bol et laisser macérer. Plus tard, dans une grande casserole, faire revenir dans l'huile les oignons, l'ail, et tous les autres légumes à feu moyen, pendant environ 10 minutes. Ajouter le mélange de tomates macérées. Y incorporer le fumet de poisson et laisser mijoter dans la casserole avec le couvercle jusqu'à ce que les pommes de terre soient à moitié cuites. Ajouter tous les poissons mentionnés ci-haut. Couvrir à nouveau. Mijoter jusqu'à cuisson complète. Rectifier l'assaisonnement.

Le basilic serait un antispasmodique, bénéfique dans le traitement des spasmes digestifs.	600 mg (avec la morue)
	Carmen Parent

1 boîte	Coquilles géantes biologiques de blé entier, cuites (pâtes alimentaires)	
225 g	Crevettes fraîches **Langlois**	1/2 lb (8 oz)
225 g	Pétoncles frais	1/2 lb (8 oz)
1	Homard, cuit et décortiqué	
1 sachet	Pesto aux tomates commercial	
250 ml	Fromage râpé (faible en matières grasses)	1 tasse
Sauce		
45 ml	Huile d'olive	3 c. à table
45 ml	Farine ou farine blanche non-blanchie	3 c. à table
125 ml	Fumet de poisson ou bouillon de cuisson du homard	1/2 tasse
500 ml	Lait 2 %	2 tasses
Au goût	Sel de mer et poivre	
15 ml	Persil frais, haché finement	1 c. à table

Pêche sous le pharillon

Coquilles aux fruits de mer

Plat principal
Donne 4 portions

Dans une casserole, mettre l'huile et la farine, faire cuire 1 minute puis mouiller avec le fumet de poisson. Y ajouter le lait et brasser continuellement jusqu'à consistance lisse et crémeuse. Assaisonner et ajouter le persil frais. Ajouter les fruits de mer, à une tasse de la sauce chaude. À l'aide d'une cuillère, remplir les coquilles et les déposer dans une assiette creuse allant au four. Parsemer de fromage râpé et mettre au four à 375 °F pendant environ 15 minutes. Pendant ce temps, réchauffer le reste de la sauce béchamel et y ajouter le sachet de pesto aux tomates. Brasser pour rendre homogène et verser en parts égales dans 4 assiettes pour le service. Au sortir du four, déposer par groupe de trois les coquilles farcies dans chacune des assiettes. Parsemer de persil frais haché pour la garniture.

La chair de la queue des homards renferme plus d'éléments nutritifs que la chair des pinces.	250 mg	
	Christine Lacasse et Gaston Lepage	

560 g	Pétoncles frais	1 1/4 lb (20 oz)
30 ml	Beurre	2 c. à table
60 ml	Huile d'olive	4 c. à table
125 ml	Vin blanc	1/2 tasse
250 ml	Crème champêtre 15 %	1 tasse
Au goût	Poivre rose	

Perles rares

Pétoncles au poivre rose

Plat principal
Donne 4 portions

Saisir les pétoncles dans l'huile et le beurre à feu vif pour les colorer. Ne pas trop cuire, le centre doit demeurer cru. Enlever l'excédent de gras du poêlon, déglacer avec le vin blanc et faire réduire. Y ajouter la crème et réduire à nouveau de moitié. Verser sur les pétoncles. Saupoudrer de poivre rose.

Les pétoncles sont très riches en niacine (vitamine B3). Cette vitamine nous permet de produire de l'énergie.	120 mg
	Chef Yvan Belzile

| 500 ml | Riz à sushi (**Calrose** ou **Koho**) cuit | 2 tasses |

Légumes de votre choix, en fines juliennes (carottes, poireaux,
poivrons de toutes les couleurs, courgettes, échalotes et autres)

Jeunes pousses (laitue fraîche, pousse de maïs, luzerne, épinard et autres)

Feuilles d'algues noires (**Nori**) pour les sushis

Wasabi (raifort japonais)

Gingembre mariné (en pot)

Sauce soya japonaise de type **Kikoman** (réduite en sel)

Poissons et fruits de mer de votre choix (saumon fumé, huîtres fumées,
crevettes géantes cuites, pétoncles frais, saumon frais, maquereau frais cru ou fumé,
crevettes fraîches cuites, pièces de homard cuit, thon rouge frais et cru,
anguille fumée ou grillée, truite fraîche crue ou fumée)

Petits trésors du fleuve

sushis gaspésiens

Plat principal
Donne 4 portions

Juste avant de façonner les sushis, il est préférable de procéder à la préparation des légumes (lavés et coupés), poissons et fruits de mer, riz et algues et les disposer sur une table devant vous, en prenant soin de placer l'assortiment de poissons et de fruits de mer sur un plateau rempli de glace et recouvert d'une pellicule de plastique (le montage étant un peu long, vos poissons ne risqueront pas de perdre leur fraîcheur). Tout d'abord, le secret des meilleurs sushis demeure la fraîcheur des ingrédients. Prendre une feuille d'algue et en couvrir la moitié de riz cuit en une mince couche. Placer au centre du riz une portion de poisson et ajouter les légumes de votre choix. Rouler ensuite à partir du côté inférieur vers le haut (un peu d'eau sur la partie de la feuille d'algue vous aidera à la sceller pour fermer le tout). Couper en 8 parties égales.

Très chère Dany, tu as été dans mes confidences au tout début de ce beau rêve. Je t'ai proposé de faire des sushis dans ce livre, et voilà que ton merveilleux talent t'a amenée à te faire mériter de nous tous, le titre de styliste culinaire. D'ailleurs, je suis très fière de ce beau résultat. Félicitations, et merci pour ta passion !

Maryse

| | Les algues Nori sont particulièrement riches en vitamine A, qui facilite la cicatrisation et améliore à la vision nocturne. | | Variable selon le choix de poisson ou de fruits de mer. |
| | | | Dany Gasse |

7 à 8	Foies de morue frais et parés	
900 g de filets	Morue fraîche ou sole	2 lb (32 oz)
12	Gros pétoncles parés	
12	Crevettes tigrées non décortiquées	
750 ml	Fumet de poisson	3 tasses
45 ml	Ciboulette fraîche, hachée	3 c. à table
45 ml	Persil frais, haché	3 c. à table
15 ml	Sel de mer	1 c. à table
Au goût	Poivre du moulin	
1	Noix de beurre (facultatif)	
1	Bouquet garni (branche de céleri, petite feuille de laurier, herbes fraîches et autres)	

Richesses de la mer

Poissons et fruits de mer à l'étouffée

Plat principal
Donne 4 portions

Dans une casserole, verser le fumet de poisson, la ciboulette, le persil, le bouquet garni, le sel et le poivre. Déposer dans la casserole un plat pouvant contenir tous les poissons, en réservant un espace tout autour (le bol ne devrait pas toucher les côtés de la casserole). Débuter la cuisson à feu moyen avec les foies sous le couvercle. De 10 à 12 minutes plus tard, ajouter les filets de morue (la sole est moins longue à cuire, donc si c'est votre choix, l'ajouter à la fin seulement). Toujours en couvrant hermétiquement selon la méthode à l'étouffée, faire cuire 5 minutes environ, à feu doux cette fois-ci. Vient maintenant le tour des pétoncles… puis 1 minute plus tard, terminer par les crevettes non décortiquées. Par la suite, retirer délicatement le bol (vous pourriez à cette étape dégraisser le fumet de cuisson). Plonger le tout dans le bouillon directement, et y incorporer la noix de beurre.

	Le foie de morue est riche en vitamine A et D. La chair de morue n'en contient pas.		500 mg
			Lisette et Étienne Leclerc

6 filets	Sole parée ou raie épineuse	
15 ml	Beurre salé	1 c. à table
15 ml	Huile d'olive	1 c. à table
3 à 4	Échalotes françaises, hachées finement	
375 ml	Porto	1 1/2 tasse
125 ml	Crème champêtre 15 %	1/2 tasse
1 paquet	Pâtes fraîches (cheveux d'ange)	
30 ml	Persil frais haché	2 c. à table
Au goût	Mélange de trois poivres (du moulin)	

Secret du timonier

Sole au porto

Plat principal
Donne 4 portions

Préchauffer le four à 400 °F. Dans un poêlon antiadhésif, faire chauffer le beurre et l'huile d'olive et y faire revenir les échalotes françaises. Saisir quelques secondes et réserver. Dans un plat allant au four, placer les filets de sole, les échalotes françaises et mouiller avec le porto. Couvrir d'une feuille de papier d'aluminium et cuire pendant 15 minutes environ. Pendant ce temps, cuire les pâtes selon les instructions du fabricant. Réserver. Au sortir du four, monter les nids de pâtes dans 4 assiettes, et y placer un morceau de filet au porto. Réserver. Récupérer le bouillon de cuisson au fond du plat et le mettre dans une petite casserole. Amener à ébullition. Incorporer la crème et chauffer quelques minutes afin que la sauce devienne onctueuse. En napper les filets et les pâtes, parsemer de persil frais et de quelques tours du moulin à poivre.

La sole est un poisson qui se digère rapidement et facilement puisque sa chair est très maigre.	340 mg
	Anick Gasse

2	Échalotes françaises, hachées	
7 ml	Huile d'olive	1/2 c. à table
7 ml	Beurre	1/2 c. à table
60 ml	Vin blanc	1/4 de tasse
15 ml	Estragon frais, haché	1 c. à table
Au goût	Sel de mer et poivre	
680 g de filets	Aiguillat ou merluche	1 1/2 lb (24 oz)
120 g	Champignons Portabella, tranchés	1/4 lb (4 oz)

Terre en vue

Filets de poisson au Portabella

Plat principal
Donne 4 portions

Dans un poêlon, faire revenir les échalotes 3 à 4 minutes. Y incorporer le vin, les champignons, l'estragon frais et les assaisonnements. Disposer les filets de poisson dans une enveloppe faite de papier d'aluminium légèrement huilé et couvrir de la sauce aux champignons. Refermer et cuire au four à 400 °F pendant 15 à 20 minutes.

L'huile d'olive, l'élixir des Méditérranéens, est très recommandée pour faire hausser le bon cholestérol.	n.d.
	Dominique Landry et Michel Lepage

6 tranches	Lotte (avec os)		
4	Tomates, coupées en dés		
1/2	Pamplemousse (zeste)		
1/2	Orange (zeste)		
1/2	Citron (zeste)		
250 ml	Vin blanc	1 tasse	
1	Échalote française, hachée		
1	Gousse d'ail, écrasée		
45 ml	Huile d'olive	3 c. à table	
15 ml	Ciboulette	1 c. à table	
15 ml	Cerfeuil	1 c. à table	
Au goût	Sel de mer et poivre		

Terre promise

« Osso bucco » de lotte

Plat principal
Donne 4 portions

Faire blanchir les zestes de la moitié du citron, de l'orange et du pamplemousse pendant 1 minute dans de l'eau bouillante. Cuire dans l'huile, à feu doux, les tomates, l'échalote et l'ail, environ 2 minutes, y ajouter les zestes, et faire mijoter quelques minutes. Saisir les tranches de lotte dans un peu d'huile d'olive. Assaisonner. Placer les tranches de lotte dans un plat allant au four. Verser la sauce sur les tranches, ajouter le vin blanc et faire cuire à 350 °F pendant 10 minutes. Préparer les assiettes et servir avec un risotto ou des pâtes.

Le pamplemousse contient une substance (la naringine) qui contribuerait à normaliser le pourcentage de globules rouges dans le sang.	n.d.	
	Christian Drapeau, traiteur	

15 ml	Huile d'olive	1 c. à table
225 g	Champignons, tranchés	1/2 lb (8 oz)
1/2	Oignon, haché	
1	Gousse d'ail, écrasée	
4	Tomates fraîches, coupées en cubes	
15 ml	Jus de citron	1 c. à table
15 ml	Pâte de tomates	1 c. à table
15 ml	Basilic frais, haché	1 c. à table
Au goût	Sel de mer et poivre	
680 g de filets	Morue fraîche ou tanche ou loquette d'Amérique	1 1/2 lb (24 oz)

Trophée de pêche

Filets de morue à la Provençale

Plat principal
Donne 4 portions

Dans un poêlon, faire revenir dans l'huile les champignons, l'oignon, et l'ail. Ajouter les tomates, la pâte de tomates, le basilic et les assaisonnements. Dans un plat huilé légèrement et allant au four, déposer les filets de morue et verser la sauce pour les recouvrir. Mettre au four à 375 °F pendant environ 15 minutes ou jusqu'à ce qu'ils soient cuits.

Les tomates contiennent du lycopène, un antioxydant qui préviendrait le cancer de la prostate.		310 mg
		Maryse Lepage

4	Truites, évidées et nettoyées	
2	Pommes vertes, pelées et coupées en dés	
3	Échalotes françaises, hachées	
Au goût	Poivre du moulin	
15 ml	Basilic frais, haché	1 c. à table
1 1/2 tranche	Pain de blé entier, coupé en cubes	
60 ml	Crème 15 %	1/4 tasse
Beurre blanc aux pistaches		
5	Échalotes françaises, hachées très finement	
15 ml	Beurre	1 c. à table
125 ml	Vin blanc	1/2 tasse
125 ml	Beurre froid en cubes	1/2 tasse
500 ml	Crème champêtre 15 %	2 tasses
30 ml	Pistaches écrasées	2 c. à table

Truites souvenir du lac Tanguay

Truites à la pomme et aux pistaches

Plat principal
Donne 4 portions

Mélanger les premiers ingrédients et en farcir les truites. Envelopper chacune des truites dans un papier parchemin à cuisson légèrement huilé. Assaisonner avant de refermer. Cuire au four à 375 °F pendant 30 minutes environ.

Beurre blanc aux pistaches :
Dans une petite casserole, faire revenir dans le beurre les échalotes françaises. Ajouter le vin blanc et réduire de moitié. Ajouter la crème, à feu doux, réduire à nouveau de moitié. Incorporer un à un les cubes de beurre froid. Fouetter, puis ajouter les pistaches. Verser sur les truites.

N.B. Le beurre blanc aux pistaches doit être consommé avec modération vu sa teneur élevée en gras saturés.

Les pistaches, tout comme l'huile d'olive, sont riches en acides gras monoinsaturés. Ce type de gras fait monter le bon cholestérol.

600 mg (une portion de 150 g de truite crue)

Dany Gasse

15 ml	Huile d'olive	1 c. à table
15 ml	Beurre	1 c. à table
225 g	Champignons frais	1/2 lb (8 oz)
1/2	Poivron rouge, haché	
1 branche	Céleri, haché finement	
15 ml	Farine ou farine blanche non-blanchie	1 c. à table
1	Échalote française, hachée finement	
Au goût	Sel de mer et poivre	
1 pincée	Poivre de Cayenne	
60 ml	Fumet de poisson ou bouillon de poulet	1/4 tasse
310 ml	Crème champêtre 15 %	1 1/4 tasse
30 ml	Piment mariné (marque **Pastene**), haché finement	2 c. à table
450 g	Crevettes fraîches **Langlois**	1 lb (16 oz)
30 ml	Sherry ou vin blanc	2 c. à table
6	Vol-au-vent cuits	

Voguer aux quatre vents

Vol-au-vent aux crevettes

Plat principal
Donne 6 portions

Chauffer le beurre et l'huile, y cuire les champignons, le poivron, le céleri et les échalotes pendant 5 minutes tout au plus. Saupoudrer de farine et ajouter les assaisonnements. Y incorporer la crème et brasser pour rendre le mélange homogène. Poursuivre la cuisson à feux doux, en brassant jusqu'à ce que la sauce soit épaisse. Ajouter les piments marinés et les crevettes, puis le sherry au dernier moment. Verser dans les vol-au-vent.

Privilégier le fumet de poisson recette maison, car il est bien plus nutritif que le bouillon de poulet commercial.	240 mg	
	Marguerite Lavoie	

225 g	Grosses fèves de Lima sèches	1/2 lb (8 oz)
1	Gros oignon blanc	
1 boîte (796 ml)	Tomates en dés	28 oz
2 boîtes (340 g)	Thon blanc	11 oz
45 ml	Huile d'olive extra vierge	3 c. à table
3 branches	Thym frais, coupé en morceaux	

Destination santé

Casserole de thon et de haricots

Plat principal
Donne 6 portions

Faire tremper les légumineuses toute une nuit. Couper l'oignon finement et le faire revenir dans l'huile d'olive. Y ajouter les tomates, les fèves de Lima, le thon et le thym, puis de l'eau pour couvrir, si nécessaire. Cuire environ 1 h 30 à 325 °F. À mi-cuisson, saler et poivrer au goût.

Merci, Hélène, pour toutes les heures d'attention que tu as consacrées aux recettes et suggestions de qualité qui sauront nous garder en santé. Il fut très agréable et facile de grandir avec toi dans ce beau projet.

Maryse

Les légumineuses comme les haricots de Lima sont très riches en protéines et en fibres alimentaires. Ils constituent un excellent substitut à la viande.	480 mg
	Hélène Baribeau et Marie Béique, nutritionnistes Inspirées d'une recette de Marc-André Lavoie, cardiologue

8 à 10	Pétoncles de grosseur moyenne	
2 ml	Pesto aux tomates	1/2 c. à thé
80 ml	Beurre blanc (voir page 171, remplacer la pistache par le pesto aux tomates)	1/3 tasse
1 pincée	Fenouil frais	
Au goût	Sel de mer et poivre (à noter que le beurre blanc est déjà assaisonné)	

Subito presto... et bonne santé!

Pétoncles sauce rosée

Plat principal
Donne 1 portion

Déposer les pétoncles dans une assiette allant au four micro-ondes, en les recouvrant d'une pellicule plastique. Faire cuire 1 minute à maximum et retirer du four. Entre temps, faire cuire un mélange de légumes congelés, tels que fèves jaunes et vertes, brocoli, chou-fleur et autres, de 2 à 3 minutes selon le goût. Verser le beurre blanc sur les pétoncles et remettre au four micro-ondes pendant 1 minute. Accompagner votre repas d'un jus de tomates, de légumes, ou de tomates concassées avec du basilic frais; puis un bon fruit pour le dessert. En quelques minutes, un délice!

Oh la la pour la photo et le stylisme... Je n'ai pas le temps. C'est succulent et le travail m'attend...

N.B. Désolée Hélène pour le beurre blanc, c'est bon pour le moral!

	Les feuilles de fenouil sont une bonne source de calcium, de fer et de vitamine C. Tout comme l'anis, son cousin au niveau du goût, le fenouil aide à combattre la flatulence.		87 mg
			Maryse Lepage

Les poissons et la santé : les oméga-3 d'origine marine

1. Crawford, M.A. The early development and evolution of the human brain. Upsala Journal Med Sci 1990; 48(suppl.):43s-78s.
2. Crawford, M.A., Bloom, M., Broadhurst, C.L., et al. Evidence for the unique function of docosahexaenoic acid during the evolution of the modern hominid brain. Lipids 1999;34 (suppl.):39s-47s.
3. Toussaint-Samat, M. Histoire naturelle et morale de la nourriture. Ed. Bordas, Paris, 1987.
4. FAO. La situation mondiale des pêches et de l'aquaculture 2000. Rome : Département des pêches de la FAO (Food and Agriculture Organization of the United Nations), 2000.
5. British Nutrition Foundation. Unsaturated fatty acids. Nutritional and physiological significance. The Report of the British Nutrition Foundation's Task Force. London: British Nutrition Foundation, 1992.
6. Eberhart, C., Dubois, R. Eicosanoids and the gastrointestinal tract. Review. Gastroenterology 1995;109(1):285-301.
7. James, M.J., Gibson, R.A., Cleland, L.G. Dietary polyunsaturated fatty acids and inflammatory mediator production. Am J Clin Nutr 2000;71(suppl. 1):343s-348s.
8. Endres, S. Messengers and mediators: interactions among lipids, eicosanoids, and cytokines. Am J Clin Nutr 1993;57(suppl. 5):798s-800s.
9. Dewailly, É., Blanchet, C., Gingras, S., et al. Relations between n-3 fatty acid status and cardiovascular disease risk factors among Quebecers. Am J Clin Nutr 2001;74(5):603-11.
10. Dewailly, É., Blanchet, C., Lemieux, S., et al. N-3 fatty acids and cardiovascular disease risk factors among the Inuit of Nunavik. Am J Clin Nutr 2001;74(4):464-73.
11. Dewailly, É., Blanchet, C., Gingras, S., Lemieux, S., Holub. B.J. Cardiovascular disease risk factors and n-3 fatty acid status in the adult population of James Bay Creek. Am J Clin Nutr 2002;76(1):85-92.
12. Anderson, L.F., Solvoll, K., Drevon, C.A. Very-long-chain n-3 fatty acids as biomarkers for intake of fish and n-3 fatty acid concentrates. Am J Clin Nutr 1996;64:305-11.
13. Brown, A.J., Pang, E., Roberts, D.C.K. Erythrocyte eicosapentaenoic acid versus docosahexaenoic acid as a marker for fish and fish oil consumption. Prostaglandins Leukot Essent fatty Acids 1991;44:103-106.
14. Bjerve, K., Brubakk, A.M., Fougner, K., Johnsen, H., Midthjell, K., Vik, T. Omega-3 fatty acids: essential fatty acids with important biological effects, and serum phospholipid fatty acids as markers of dietary w3-fatty acid intake. Am J Clin Nutr 1993;57(suppl.):801s-806s.
15. Katan, MB., Deslypere, J.P., Van Birgelen, A.P.J.M., Penders, M., Zegwaard, M. Kinetics of the incorporation of dietary fatty acids into serum cholesteryl esters, erythrocyte membranes, and adipose tissue: an 18-month controlled study. J Lipid Res 1997;38:2012-22.
16. Leaf, D.A., Connor, W.E., Barstad, L., Sexton, G. Incorporation of dietary n-3 fatty acids into the fatty acids of human adipose tissue and plasma lipid classes. Am J Clin Nutr 1995;62(1):68-73.
17. Silverman, D.I, Reis, G.J., Sacks, F.M., Boucher, T.M., Pasternak, R.C. Usefulness of plasma phospholipid N-3 fatty acid levels in predicting dietary fish intake in patients with coronary artery disease. Am J Cardiol 1990;66:860-862.

18. Santé Québec. Les Québécoises et Québécois mangent-ils mieux? Rapport de l'enquête québécoise sur la nutrition. (1990). Montréal : Ministère de la Santé et des Services Sociaux. Gouvernement du Québec, 1994 : 317 p.

19. Nettleton, J.A. n-3 fatty acids: Comparison of plant and seafood sources in human nutrition. J Am Diet Assoc 1991;91:331-7.

20. Blanchet, C., Dewailly, É., Ayotte, P., Bruneau, S., Receveur, O., Holub, B. Contribution of selected traditional and market foods to the diet of Nunavik Inuit women. Can J Diet Prac Res 2000;61:50-9.

21. Bourre, J. La diététique du cerveau. De l'intelligence et du plaisir. Ed. Odile Jacob, Paris, 1990.

22. Cunnane, S.C. The Canadian Society for Nutritional Sciences 1995 Young Scientist Award Lecture. Recent studies on the synthesis, beta-oxidation, and deficiency of linoleate and alpha-linolenate: are essential fatty acids more aptly named indispensable or conditionally dispensable fatty acids? Can J Physiol Pharmacol 1996;74(6):629-39.

23. Gerster, H. Can Adults Adequately Convert alpha-Linolenic Acid (18:3n-3) to Eicosapentaenoic Acid (20:5n-3) and Docosahexaenoic Acid (22:6n-3). Internat J Vit Nutr Res 1998;68:159-73.

24. Kramer, M.S, Demissie, K., Yang, H., Platt, R.W., Sauve, R., Liston, R. The contribution of mild and moderate preterm birth to infant mortality. Fetal and Infant Health Study Group of the Canadian Perinatal Surveillance System. JAMA 2000;284:843-9.

25. Wilcox, A.J., Skjaerven, R. Birth weight and perinatal mortality: the effect of gestational age. Am J Public Health 1992;82(3):378-82.

26. Bjerregaard, P., Hansen, J.C. Effects of smoking and marine diet on birthweight in Greenland. Arctic Med Res 1996;55(4):156-64.

27. Cnattingius, S., Bergstrom, R., Lipworth, L., Kramer, M.S. Prepregnancy weight and the risk of adverse pregnancy outcomes. N Engl J Med 1998;338(3):147-52.

28. Hellerstedt, W.L., Himes, J.H., Story, M., Alton, I.R., Edwards, L.E. The effects of cigarette smoking and gestational weight change on birth outcomes in obese and normal-weight women. Am J Public Health 1997;87(4):591-6.

29. Scholl, T.O., Hediger, M.L., Khoo, C.S., Healey, M.F., Rawson, N.L. Maternal weight gain, diet and infant birth weight: correlations during adolescent pregnancy. J Clin Epidemiol 1991;44(4-5):423-8.

30. Scholl, T.O., Hediger, M.L., Fischer, R.L., Shearer, J.W. Anemia vs iron deficiency: increased risk of preterm delivery in a prospective study. Am J Clin Nutr 1992;55(5):985-8.

31. American Diabetes Association. Gestational diabetes. Diabets Care 1998;21 (suppl. 1):60s-61s.

32. Olsen, S.F., Hansen ,H.S., Sorensen, T.I.A., et al. Intake of marine fat, rich in n-3 polyunsaturated fatty acids, may increase birthweight by prolonging gestation. The Lancet 1986:367-369.

33. Olsen, S., Secher, N., Tabor, A., Weber, T., Walker, J., Gluud, C. Randomised clinical trials of fish oil supplementation in high risk pregnancies. Fish Oil Trials In Pregnancy (FOTIP) Team. BJOG 2000;107(3):382-95.

34. FAO/WHO. Fats and oils in human nutrition. Report of a joint expert consultation. Food and nutrition paper no. 57: Food and Agriculture Organization of the United Nations and the World Health Organization, Rome, 1994.

35. Olsen, S., Secher, N. A possible preventive effect of low-dose fish oil on early delivery and pre-eclampsia: indications from a 50-year-old controlled trial. Br J Nutr 1990;64(3):599-609.

36. Olsen, S.F., Olsen, J., Frische, G. Does fish consumption during pregnancy increase fetal growth? A study of the size of the newborn, placental weight and gestational age in relation to fish consumption during pregnancy. Int J Epidemiol 1990;19(4):971-977.

37. Velzing-Aarts, F., van der Klis, F., van der Dijs, F., Muskiet, F. Umbilical vessels of pre-eclamptic women have low contents of both n-3 and n-6 long-chain polyunsaturated fatty acids. Am J Clin Nutr 1999;69(2):293-8.

38. Olsen, S.F., Hansen, H.S., Sommer, S., et al. Gestational age in relation to marine n-3 fatty acids in maternal erythrocytes: A study of women in the Faroe Islands and Denmark. Am J Obstet Gynecol 1991;164(5):1203-1209.

39. Olsen, S.F. Consumption of marine n-3 fatty acids during pregnancy as a possible determinant of birth weight. Epidemiol Rev 1993;15(2):399-413.

40. Olsen, S.F., Hansen, H.S., Secher, N.J., Jensen, B., Sandstrom, B. Gestation length and birth in relation to intake of marine n-3 fatty acids. Br J Nutr 1995;73:397-404.

41. Olsen, S.F., Secher, N.J. Low consumption of seafood in early pregnancy as a risk factor for preterm delivery: prospective cohort study. Bmj 2002;324(7335):447.

42. Hornstra, G., Al, M.D., van Houwelingen, A.C., Foreman-van Drongelen, M.M. Essential fatty acids in pregnancy and early human development. Eur J Obstet Gynecol Reprod Biol 1995;61(1):57-62.

43. Al, M.D., van Houwelingen, A.C., Hornstra, G. Long-chain polyunsaturated fatty acids, pregnancy, and pregnancy outcome. Am J Clin Nutr 2000;71(suppl.):285s-91s.

44. Al, M.D., van Houwelingen, A.C., Kester, A.D., Hasaart, T.H., de Jong, A.E., Hornstra, G. Maternal essential fatty acid patterns during normal pregnancy and their relationship to the neonatal essential fatty acid status. Br J Nutr 1995;74(1):55-68.

45. Leaf, A.A., Leighfield, M.J., Costeloe, K.L,, Crawford, M.A. Long chain polyunsaturated fatty acids and fetal growth. Early Hum Dev 1992;30(3):183-91.

46. Dewailly, É., Laliberté, C., Sauvé, L., Gingras, S., Ayotte, P. La consommation des produits de la mer sur la Basse-Côte-Nord du golfe St-Laurent : risques et bénéfices pour la santé. Québec : Service Santé et Environnement. Département de santé communautaire. Centre hospitalier de l'Université Laval. ISBN : 921304-25-2, 1991.

47. Diarra, B., Dewailly, É. Influence des acides gras oméga-3 sur la durée de la gestation et les caractéristiques du nouveau-né. Université Laval, 1997.

48. Baguma-Nibasheka, M., Brenna, J.T., Nathanielsz, P.W. Delay of preterm delivery in sheep by omega-3 long-chain polyunsaturates. Biol Reprod 1999;60(3):698-701.

49. Challis, J.R. Endocrinology of late pregnancy and parturition. Int Rev Physiol 1980;22:277-324.

50. Abayasekara, D., Wathes, D. Effects of alterning dietary fatty acid composition on prostaglandin synthesis and fertility. Prostaglandins Leukot Essent Fatty Acids 1999;61(5):275-87.

51. DeCherney, A., Pernoll, M. Obstetric & Gynecology. Diagnosis & Treatment. Appleton & Lange Ed., Norwalk, Connecticut, 1994.

52. Crawford, M., Costeloe, K., Ghebremeskel, K., Phylactos, A., Skirvin, L., Stacey, F. Are deficits of arachidonic and docosahexaenoic acids responsible for the neural and vascular complications of preterm babies? Review Articles. Am J Clin Nutr 1997; 66(suppl.):1032s-41s.

53. Clandinin, M.T., Chappell, J.E., Leong, S., Heim, T., Swyer, P.R., Chance, G.W. Intra-uterine fatty acid accretion rates in human brain: implications for fatty acid requirements. Early Hum Dev 1980;4(2):121-29.

54. Clandinin, M.T., Chappell, J.E., Leong, S., Heim, T., Swyer, P.R., Chance, G.W. Extra-uterine fatty acid accretion rates in human brain: implications for fatty acid requirements. Early Hum Dev 1980;4(2):131-38.

55. Clandinin, M.T., Chappell, J.E., Heim, T., Swyer, P.R., Chance, G.W. Fatty acid utilzation in perinatal *de novo* synthesis of tissues. Early Hum Dev 1981;5:355-66.
56. Clandinin, M.T., Jumpsen, J., Suh, M. Relationship between fatty acid accretion, membrane composition, and biologic functions. J Pediatr 1994;125(5):S25-S32.
57. Martinez, M. Tissue levels of polyunsaturated fatty acids during early human development. J Pediatr 1992;120:s129-s138.
58. Makrides, M., Neumann, M., Simmer, K., Pater, J., Gibson, R. Are long-chain polyunsaturated fatty acids essential nutrients in infancy? Lancet 1995;345:1463-68.
59. Su, H-M., Bernardo, L., Mamiran, M., Xiao Hong, M., Corso, T.N., et al. Bioquivalence of dietary alpha-linolenic and docosahexaenoic acids as sources of docosahexaenoate accretion in brain and associated organs of neonatal baboons. Pediatr Res 1999;45(1):87-93.
60. Uauy, R., Peirano, P., Hoffman, D., Mena, P., Birch, D., Birch, E. Role of Essential Fatty Acids in the Function of the Developing Nervous System. Lipids 1996;31(suppl):167s-76s.
61. Reisbick, S., Neuringer, M., Gohl, E., Wald, R., Anderson, G. Visual attention in infant monkeys: effects of dietary fatty acids and age. Dev Psychol 1997;33:387–95.
62. Neuringer, M., Reisbick, S., Janowsky, J. The role of n-3 fatty acids in visual and cognitive development: current evidence and methods of assessment. J Pediatr 1994;125(5 Pt 2):s39-47.
63. Lucas, A., Morley, R., Cole, T.J., Lister, G., Leeson-Payne, C. Breast milk and subsequent intelligence quotient in children born preterm. Lancet 1992;339:261-4.
64. Carlson, S.E., Werkman, S.H., Peeples, J.M., Wilson, W.M. Long-chain fatty acids and early visual and cognitive development of preterm infants. Eur J Clin Nutr 1994;48 (suppl. 2):27s-30s.
65. Ruyle, M., Connor, W.E., Anderson, G.J., Lowensohn, R.I. Placental transfer of essential fatty acids in humans: Venous-arterial difference for docosohexaenoic acid in fetal umbilical erythrocytes. Proc Natl Acad Sci USA 1990;87:7902-6.
66. Hornstra, G., Al, M.D.M., Gerrard, J.M., Simonis, M.M.G. Essential fatty acid status of neonates born to inuit mothers: comparison with caucasian neonates and effect of diet. Prostagl Leukotr Essent Fatty Acids 1992;45:125-30.
67. Hornstra, G. Essential fatty acids in mothers and their neonates. Am J Clin Nutr 2000;71(suppl.):1262s-1269s.
68. van Houwelingen, A.C., Ham, E.C., Hornstra, G. The female docosahexaenoic acid status related to the number of completed pregnancies. Lipids 1999;34(suppl.):s229.
69. Otto, S.J., van Houwelingen, A.C., Antal, M., et al. Maternal and neonatal essential fatty acid status in phospholipids: an international comparative study. Eur J Clin Nutr 1997;51(4):232-42.
70. Otto, S.J., van Houwelingen, A.C., Badart-Smook, A., Hornstra, G. Comparison of the peripartum and postpartum phospholipid polyunsaturated fatty acid profiles of lactating and nonlactating women. Am J Clin Nutr 2001;73(6):1074-9.
71. Dutta-Roy, A.K. Transport mechanisms for long-chain polyunsaturated fatty acids in the human placenta. Am J Clin Nutr 2000;71(suppl.):315s-322s.
72. Al, M.D., Badart-Smook, A., von Houwelingen, A.C., Hasaart, T.H., Hornstra, G. Fat intake of women during normal pregnancy: relationship with maternal and neonatal essential fatty acid status. J Am Coll Nutr 1996;15(1):49-55.
73. Innis, S.M., Kuhnlein, H.V. Long-chain n-3 fatty acids in breast milk of Inuit women consuming traditional foods. Early Hum Dev 1988;18:185-189.
74. Innis, S.M. Human milk and formula fatty acids. J Pediatr 1992;120(4(2)):s56-s61.
75. Jensen, R.G. The lipids in human milk. Prog Lipid Res 1996;35(1):53-92.

76. Ruan, C., Liu, X., Man, H., et al. Milk composition in women from five different regions of China: the great diversity of milk fatty acids. J Nutr 1995;125(12):2993-8.

77. Finley, D.A., Lönnerdal, B., Dewey, K.G., Grivetti, L.E. Breast milk composition: fat content and fatty acid composition in vegetarians and non-vegetarians. Am J Clin Nutr 1985;41:787-800.

78. Lee, H.Y., Woo, J., Chen, Z.Y., Leung, S.F., Peng, X.H. Serum fatty acid, lipid profile and dietary intake of Hong Kong Chinese omnivores and vegetarians. Eur J Clin Nutr 2000;54(10):768-73.

79. Stammers, J.P., Hull, D., Abraham, R., McFadyen, I.R. High arachidonic acid levels in the cord blood of infants of mothers on vegetarian diets. Br J Nutr 1989;61(1):89-97.

80. Sanders, T.A.B. Essential fatty acid requirements of vegetarians in pregnancy, lactation, and infancy. Am J Clin Nutr 1999;70 (suppl.):555s-9s.

81. Reddy, S., Sanders, T.A.B., Obeid, O. The influence of maternal vegetarian diet on essential fatty acid status of the newborn. Eur J Clin Nutr 1994;48:358-368.

82. Reddy, S., Sanders, T.A.B., Obeid, O. The influence of maternal vegetarian diet on essential fatty acid status of the newborn. World Rev Nutr Diet 1994;75:102-104.

83. Jensen, C.L., Maude, M., Anderson, R.E., Heird, W.C. Effect of docosahexaenoic acid supplementation of lactating women on the fatty acid composition of breast milk lipids and maternal and infant plasma phospholipids. Am J Clin Nutr 2000;71 (suppl.):292s-9s.

84. Harris, W.S., Connor, W.E., Lindsey, S. Will dietary w-3 fatty acids change the composition of human milk? Am J Clin Nutr 1984;40:780-785.

85. Helland, I.B., Saarem, K., Saugstad, O.D., Drevon, C.A. Fatty acid composition in maternal milk and plasma during supplementation with cod liver oil. Eur J Clin Nutr 1998;52:839-45.

86. Boersma, E.R., Offringa, P.J., Muskiet, F.A.J., Chase, W.M., Simmons, I.J. Vitamin E, lipid fractions, and fatty acid composition of colostrum, transitional comparative study. Am J Clin Nutr 1991;53:1197-1204.

87. Makrides, M., Neumann, M.A., Byard, R.W., Simmer, K., Gibson, R.A. Fatty acid composition of brain, retina, and erythrocytes in breast- and formula-fed infants. Am J Clin Nutr 1994;60:189-94.

88. Farqharson, J., Cockburn, F., Patrick, W.A., Jamieson, E.C., Logan, R.W. Infant cerebral cortex phospholipid fatty-acid composition. Lancet 1992;340:810-3.

89. Willatts, P., Forsyth, J.S., DiModugno, M.K., Varma, S., Colvin, M. Effect of long-chain polyunsaturated fatty acids in infant formula on problem solving at 10 months of age. Lancet 1998;352:688-91.

90. Agostoni, C,. Trojan, S., Bellù, R., Riva, E., Giovannini, M. Neurodevelopmental quotient of healthy term infants at 4 months and feeding practice: The role of long-chain polyunsaturated fatty acids. Pedaitr Res 1995;38:262-66.

91. Agostoni, C., Trojan, S., Bellu, R., Riva, E., Bruzzese, M.G., Giovannini, M. Developmental quotient at 24 months and fatty acid composition of diet in early infancy: a follow-up study. Arch Dis Child 1997;76(5):421-4.

92. Birch, E.E., Garfield, S., Hoffman, D.R., Uauy, R., Birch, D.G. A randomized controlled trial of early dietary supply of long-chain polyunsaturated fatty acids and mental development in term infants. Dev Med Child Neurol 2000; 42(3):174-81.

93. Bayley, N. Consistency and variability in the growth of intelligence from birth to eighteen years. Journal of Genetic Psychology 1949;75:165-96.

94. Uauy, R., Mena, P., Wegher, B., Nieto, S., Salem, Jr. N. Long chain polyunsaturated fatty acid formation in neonates: effect of gestational age and intra-uterine growth. Pediatr Res 2000;47:127.

95. Foreman-van Drongelen, M.M., van Houwelingen, A.C., Kester, A.D., Hasaart, T.H., Blanco, C.E., Hornstra, G. Long-chain polyunsaturated fatty acids in preterm infants: status at birth and its influence on postnatal levels. J Pediatr 1995;126(4):611-8.

96. Crawford, M.A. Placental delivery of arachidonic and docosahexaenoic acids: implications for the lipid nutrition of preterm infants. Am J Clin Nutr 2000;71(suppl. 1):275s-84s.

97. Simopoulos, A.P., Leaf, A., Saem, N., Jr. Workshop statement on the essentiality of and recommended dietary intakes for Omega-6 and Omega-3 fatty acids. Prostaglandins Leukot Essent Fatty Acids 2000;63(3):119-21

98. Carlson, S.E., Werkman, S.H., Rhodes, P.G., Tolley, E.A. Visual-acuiy development in healthy preterm infants: effect of marine-oil supplementation. Am J Clin Nutr 1993;58:35-42.

99. SanGiovanni, J., Parra-Cabrera, S., Colditz, G.A., Berkey, C.S., Dwyer, J.T. Meta-analysis of dietary essential fatty acids and long-chain polyunsaturated fatty acids as they relate to visual resolution acuity in healthy preterm infants. Pediatrics 2000;105:1292-1298.

100. Anderson, J.W., Johnstone, B.M., Remley, D.T. Breast-feeding and cognitive development: a meta-analysis. Am J Clin Nutr 1999;70(4):525-35.

101. Uauy, R., Birch, E., Birch, D., Peirano, P. Visual and brain function measurements in studies of n-3 fatty acid requirement of infants. J Pediatr 1992;120:168-80.

102. Hamazaki, T., Itomura, M., Sawazaki, S., Nagao, Y. Anti-stress effects of DHA. Biofactors 2000;13(1-4):41-5.

103. Hibbeln, J.R., Linnoila, M., Umhau, J.C., Rawlings, R., George, D.T., Salem, N., Jr. Essential fatty acids predict metabolites of serotonin and dopamine in cerebrospinal fluid among healthy control subjects, and early- and late- onset alcoholics. Biol Psychiatry 1998;44(4):235-42.

104. Hibbeln, J.R., Umhau, J.C., Linnoila, M., et al. A replication study of violent and nonviolent subjects: cerebrospinal fluid metabolites of serotonin and dopamine are predicted by plasma essential fatty acids. Biol Psychiatry 1998;44(4):243-9.

105. Rapoport, S.I., Chang, M.C., Spector, A.A. Delivery and turnover of plasma-derived essential PUFAs in mammalian brain. J Lipid Res 2001;42(5):678-85.

106. American Psychiatric Association. Diagnostic and statistical manual of mental disorders Fourth Edition. D.S.M-IV. Washington, DC, 1994.

107. Murray, C.J.L., Lopez, A.D. Global burden of disease: a comprehensive assessment of mortality and disability from disease, Injuries and risk factors in 1990 and projected to 2020. Harvard University Press, Boston, 1996.

108. Klerman, G.L., Weissman, M.M. Psychiatric epidemiology and clinical psychiatry. Am J Psychiatry 1985;142(9):1123-4.

109. Klerman, G.L., Weissman, M.M. Increasing rates of depression. JAMA 1989;261(15):2229-35.

110. Hibbeln, J.R., Salem, Jr. N. Dietary polyunsaturated fatty acids and depression: when cholesterol does not satisfy. Am J Clin Nutr 1995;62:1-9.

111. Simopoulos, A.P. Essential fatty acids in health and chronic disease. Am J Clin Nutr 1999;70(suppl. 3):560s-569s.

112. Hibbeln, J.R. Fish consumption and major depression. Lancet 1998;351:1213.

113. Hibbeln, J.R, Salem, Jr. N. Part V. Psychiatry and Behavior. Chapter 18. Omega-3 fatty acids and psychiatric disorders: Current status of the field. In: Mostofsky, D.I., Yehuda, S. & Salem Jr., N. Fatty acids: Physiological and behavioral functions. Humana Press Ed, Totowa, NJ, 2001.

114. Tanskanen, A., Hibbeln, J.R., Hintikka, J., Haatainen, K., Honkalampi, K., Viinamaki. H. Fish consumption, depression, and suicidality in a general population. Arch Gen Psychiatry 2001;58(5):512-3.

115. Hasegawa, K. The epidemiological study of depression in late life. J Affect Disord 1985;(suppl. 1):3s-6s.
116. Makiya, H. Epidemiological investigation of psychiatric disorders of old age in Sashiki-village, Okinawa. Keio J Med 1978;55:503.
117. Blazer, D., Williams, C.D. Epidemiology of dysphoria and depression in an elderly population. Am J Psychiatry 1980;137(4):439-44.
118. O'Hara, M.W., Kohout, F.J., Wallace, R.B. Depression among the rural elderly. A study of prevalence and correlates. J Nerv Ment Dis 1985;173(10):582-9.
119. Hibbeln, J.R., Umhau, J.C., George, D.T., Salem, N., Jr. Do plasma polyunsaturates predict hostility and depression? World Rev Nutr Diet 1997;82:175-86.
120. Maes, M., Christophe, A., Delanghe, J., Altamura, C., Neels, H., Meltzer, H.Y. Lowered W-3 polyunsaturated fatty acids in serum phospholipids and cholesteryl esters of depressed patients. Psychiatry Res 1999.
121. Adams, P.B., Lawson, S., Sanigorski, A., Sinclair, A.J. Arachidonic acid to Eicosapentaenoic acid ratio in blood correlates positively with clinical symptoms of depression. Lipids 1996;31:s157-s61.
122. Peet, M., Murphy, B., Shay, J., Horrobin, D. Depletion of omega-3 fatty acid levels in red blood cell membranes of depressive patients. Biol Psychiatry 1998;43(5):315-9.
123. van Praag, H.M. Neurotransmitters and CNS disease: Depression. Lancet 1982;2(8310):1259-64.
124. Coccaro, E.F. Central serotonin and impulsive aggression. Br J Psychiatry 1989(8):52-62.
125. Hibbeln, J.R. Seafood consumption, the DHA content of mothers' milk and prevalence rates of postpartum depression: A cross-national, ecological analysis. J Affect Disorders 2002;69:15-29
126. Stoll, A.L., Severus, W.E., Freeman, M.P., Rueter, S., Zboyan, H.Aea. Omega-3 fatty acids in bipolar disorder. Arch Gen Psychiatry 1999;56:407-412.
127. Noaghiul, S., Weissman ,M.M., Hubbeln, J.R. Cross-national comparisons of seafood consumption and lifetime prevalence rates of bipolar disorders. Final program and abstracts of the 5th congress of the International Society for Study of Fatty Acids and Lipids 2002, Montréal, May 7-11: 144.
128. Pierre Lalonde (sous la direction de). La schizophrénie expliquée. Gaëtan Morin éditeur, 1988.
129. Christensen, O., Christensen, E. Fat consumption and schizophrenia. Acta Psychiatr Scand 1988;78(5):587-91.
130. Peet, M., Brind, J., Ramchand, C.N., Shah, S., Vankar, G.K. Two double-blind placebo-controlled pilot studies of eicosapentaenoic acid in the treatment of schizophrenia. Schizophr Res 2001;49(3):243-51.
131. Stevens, L.J., Zentall, S.S., Deck, J.L., et al. Essential fatty acid metabolism in boys with attention-deficit hyperactivity disorder. Am J Clin Nutr 1995; 62:761-8.
132. Stevens, L.J., Zentall, S.S., Abate, M.L., Kuczek, T., Burgess, J.R. Omega-3 Fatty Acids in Boys with Behavior, Learning, and health Problems. Physiology & Behavior 1996;59(4):915-20.
133. Voigt, R.G., Llorente, A.M., Jensen, C.L., Fraley, J.K., Berretta, M.C., Heird, W.C. A randomized, double-blind, placebo-controlled trial of docosahexaenoic acid supplementation in children with attention-deficit/hyperactivity disorder. J Pediatr 2001;139(2):189-96.
134. Dyerberg, J., Bang, H.O., Hjorne, N. Fatty acid composition of the plasma lipids in Grœnland Eskimos. Am J Clin Nutr 1975;28(9):958-66.
135. Dyerberg, J., Bang, H.O. Haemostatic function and platelet polyunsaturated fatty acids in Eskimos. Lancet 1979;2(8140):433-5.

136. Kagawa, Y., Nishizawa, M., Suzuki, M., et al. Eicosapolyenoic acids of serum lipids of Japanese islanders with low incidence of cardiovascular diseases. J Nutr Sci Vitaminol 1982;28(4):441-53.

137. Albert,. CM., Campos, H., Stampfer, M.J., et al. Blood levels of long-chain n-3 fatty acids and the risk of sudden death. N Engl J Med 2002;346(15):1113-8.

138. Dolecek, T.A. Epidemiological evidence of relationships between dietary polyunsaturated fatty acids and mortality in the multiple risk factor intervention trial. Proc Soc Exp Biol Med 1992;200(2):177-82.

139. Daviglus, M.L., Stamler, J., Orencia, A.J., et al. Fish consumption and the 30-year risk of fatal myocardial infarction. N Engl J Med 1997;336(15):1046-53.

140. Hu, F.B., Bronner, L., Willett, W.C., et al. Fish and omega-3 fatty acid intake and risk of coronary heart disease in women. JAMA 2002;287(14):1815-21.

141. Iso, H., Rexrode, K.M., Stampfer, M.J., et al. Intake of fish and omega-3 fatty acids and risk of stroke in women. JAMA 2001;285(3):304-12.

142. Kromhout, D., Bosschieter, E.B., de Lezenne Coulander, C. The inverse relation between fish consumption and 20-year mortality from coronary heart disease. N Engl J Med 1985;312(19):1205-9.

143. Kromhout, D., Feskens, E.J., Bowles, C.H. The protective effect of a small amount of fish on coronary heart disease mortality in an elderly population. Int J Epidemiol 1995;24(2):340-5.

144. Rissanen, T., Voutilainen, S., Nyyssonen, K., Lakka, T.A., Salonen, J.T. Fish oil-derived fatty acids, docosahexaenoic acid and docosapentaenoic acid, and the risk of acute coronary events: the Kuopio ischaemic heart disease risk factor study. Circulation 2000;102(22):2677-9.

145. Rodriguez, B.L., Sharp, D.S., Abbott, R.D., et al. Fish intake may limit the increase in risk of coronary heart disease morbidity and mortality among heavy smokers. The Honolulu Heart Program. Circulation 1996;94(5):952-6.

146. Siscovick, D.S., Raghunathan, T.E., King, I., et al. Dietary intake and cell membrane levels of long-chain n-3 polyunsaturated fatty acids and the risk of primary cardiac arrest. JAMA 1995;274(17):1363-7.

147. Yamori, Y., Nara, Y., Mizushima, S., Sawamura, M., Horie, R. Nutritional factors for stroke and major cardiovascular diseases: International epidemiological comparison of dietary prevention. Health Rep 1994;6(1):22-7.

148. Yuan, J.M., Ross, R.K., Gao, Y.T., Yu, M.C. Fish and shellfish consumption in relation to death from myocardial infarction among men in Shanghai, China. Am J Epidemiol 2001;154(9):809-16.

149. Simon, J.A., Hodgkins, M.L., Browner, W.S., Neuhaus, J.M., Bernert, J.T,, Jr., Hulley, S.B. Serum fatty acids and the risk of coronary heart disease. Am J Epidemiol 1995;142(5):469-76.

150. Burr, M.L., Fehily, A.M., Gilbert, J.F., et al. Effects of changes in fat, fish, and fibre intakes on death and myocardial reinfarction: diet and reinfarction trial (DART). Lancet 1989;2(8666):757-61.

151. Marchioli, R., Bomba, E., Chieffo, C., et al. Dietary supplementation with n-3 polyunsaturated fatty acids and vitamin E after myocardial infarction: results of the GISSI-Prevenzione trial. Gruppo Italiano per lo Studio della Sopravvivenza nell'Infarto miocardico. Lancet 1999;354(9177):447-55.

152. Marchioli, R., Barzi, F., Bomba, E., et al. Early protection against sudden death by n-3 polyunsaturated fatty acids after myocardial infarction: time-course analysis of the results of the Gruppo Italiano per lo Studio della Sopravvivenza nell'Infarto Miocardico (GISSI)-Prevenzione. Circulation 2002;105(16):1897-903.

153. Dyerberg, J., Bang, H.O., Stoffersen, E., Moncada, S., Vane, J.R. Eicosapentaenoic acid and prevention of thrombosis and atherosclerosis. Lancet 1978;2(8081):117-9.

154. Tremoli, E., Maderna, P., Marangoni, F., et al. Prolonged inhibition of platelet aggregation after n-3 fatty acid ethyl ester ingestion by healthy volunteers. Am J Clin Nutr 1995;61(3):607-13.

155. Nordoy, A., Davenas, E., Ciavatti, M., Renaud, S. Effect of dietary n-3 fatty acids on platelet function and lipid metabolism in rats. Biochim Biophys Acta 1985;835:491-500.

156. Nair. S.S., Leitch, J.W., Falconer, J., Garg, M.L. Prevention of cardiac arrhythmia by dietary (n-3) polyunsaturated fatty acids and their mechanism of action. J Nutr 1997;127(3):383-93.

157. Leaf, A. Omega-3 fatty acids and prevention of ventricular fibrillation. Prostaglandins Leukot Essent Fatty Acids 1995;52(2-3):197-8.

158. Kang, J.X., Xiao, Y.F., Leaf, A. Free, long-chain, polyunsaturated fatty acids reduce membrane electrical excitability in neonatal rat cardiac myocytes. Proc Natl Acad Sci U.S.A. 1995;92(9):3997-4001.

159. Weylandt, K.H., Kang, J.X, Leaf A. Polyunsaturated fatty acids exert antiarrhythmic actions as free acids rather than in phospholipids. Lipids 1996;31(9):977-82.

160. Vreugdenhil, M., Bruehl, C., Voskuyl, R.A., Kang, J.X., Leaf, A., Wadman, W.J. Polyunsaturated fatty acids modulate sodium and calcium currents in CA1 neurons. Proc Natl Acad Sci U.S.A. 1996;93(22):12559-63.

161. Christensen, J.H., Gustenhoff, P., Ejlersen, E., Jessen, T., Korup, E., et al. n-3 fatty acids and ventricular extrasystoles in patients with ventricular tachyarrhythmias. Nutr Res 1995;15(1):1-8.

162. Leaf, A., Weber, P.C. Cardiovascular effects of n-3 fatty acids. N Engl J Med 1988;318(9):549-57.

163. Nestel, P.J. Fish oil and cardiovascular disease: lipids and arterial function. Am J Clin Nutr 2000;71(suppl. 1):228s-31s.

164. Roche, H.M., Gibney, M.J. Effect of long-chain n-3 polyunsaturated fatty acids on fasting and postprandial triacylglycerol metabolism. Am J Clin Nutr 2000;71(suppl. 1):232s-7s.

165. Endres, S., Ghorbani, R., Kelley, V.E., Kostis, G., Lonnemann, Gea. The effect of dietary supplementation with n-3 polyinsatured fatty acids on the synthesis of interleukin-1 and tumor necrosis factor by mononuclear cells. N Engl J Med 1989;320(5):265-71.

166. Morris, M.C., Manson, J.E., Rosner, B., Buring, J.E., Willett, W.C., Hennekens, C.H. Fish consumption and cardiovascular disease in the physicians' health study: a prospective study. Am J Epidemiol 1995;142(2):166-75.

167. Lee, R.M. Fish oil, essential fatty acids, and hypertension. Can J Physiol Pharmacol 1994;72(8):945-53.

168. Madsen, T., Skou, H.A., Hansen, V.E., et al. C-reactive protein, dietary n-3 fatty acids, and the extent of coronary artery disease. Am J Cardiol 2001; 88(10):1139-42.

169. Connor, W.E. Importance of n-3 fatty acids in health and disease. Am J Clin Nutr 2000;71(suppl. 1):171s-5s.

170. Brown, A.A., Hu, F.B. Dietary modulation of endothelial function: Implications for cardiovascular disease. Am J Clin Nutr 2001;73(4):673-86.

171. Harris, W.S., O'Keefe, J.H. Cardioprotective Effects of omega-3 Fatty Acids. Nutr Clin Pract 2001;16:6-12.

172. American Heart Association. Dietary Guidelines: Revision 2000. Dallas, Texas: American Heart Association, 2000. http://www.americanheart.org/dietaryguidelines/index.html

173. Raheja, B.S., Sadikot, S.M., Phatak, R.B., Rao, M.B. Significance of the N-6/N-3 ratio for insulin action in diabetes. Ann N Y Acad Sci 1993;683:258-71.

174. Montori, V.M., Farmer, A., Wollan, P.C., Dinneen, S.F. Fish oil supplementation in type 2 diabetes: A quantitative systematic review. Diabetes Care 2000;23(9):1407-15.

175. Sirtori, C.R., Paoletti, R., Mancini, M., et al. N-3 fatty acids do not lead to an increased diabetic risk in patients with hyperlipidemia and abnormal glucose tolerance. Italian Fish Oil Multicenter Study. Am J Clin Nutr 1997;65(6):1874-81.

176. Dewailly, É., Bruneau, S., Laliberté, C., et al. Et la santé des Inuits, ça va? Rapport de l'enquête Santé Québec auprès des Inuits du Nunavik (1992) : Les contaminants. Vol.1. Montréal : Santé Québec, Gouvernement du Québec, Ministère de la Santé et des Services Sociaux, 1994.

177. Fortin, P.R., Lew, R.A., Liang, M.H., et al. Validation of a meta-analysis: The effects of fish oil in rheumatoid arthritis. J Clin Epidemiol 1995;48(11):1379-90.

178. Kremer, J.M., Lawrence, D.A., Petrillo, G.F., et al. Effects of high-dose fish oil on rheumatoid arthritis after stopping nonsteroidal anti-inflammatory drugs. Clinical and immune correlates. Arthritis Rheum 1995;38(8):1107-14.

179. Shapiro, J.A., Koepsell, T.D., Voigt, L.F., Dugowson, C.E., Kestin, M., Nelson, J.L. Diet and rheumatoid arthritis in women: A possible protective effect of fish consumption. Epidemiology 1996;7(3):256-63.

180. Grant, W.B. The role of meat in the expression of rheumatoid arthritis. Br J Nutr 2000;84(5):589-95.

181. Belluzzi, A., Boschi, S., Brignola, C., Munarini, A., Cariani, G., Miglio, F. Polyunsaturated fatty acids and inflammatory bowel disease. Am J Clin Nutr 2000;71 (suppl. 1):339s-42s.

182. Stenson, W.F., Cort, D., Rodgers, J., Burakoff, R., DeSchryver-Kecskemeti, Kea. Dietary supplementation with Fish Oil in Ulcerative Colitis. Ann Intern Med. 1992;116:609-14.

183. Sharon, P., Stenson, W.F. Enhanced synthesis of leukotriene B4 by colonic mucosa in inflammatory bowel disease. Gastroenterology 1984;86:453-60.

184. Belluzzi, A., Brignola, C., Campieri, M., Pera, A., Boschi, S., Miglioli, M. Effect of an enteric-coated fish-oil preparation on relapses in crohn's disease. N Engl J Med 1996;334:1557-60.

185. Aslan, A., Triadafilopoulos, G. Fish oil fatty acid supplementation in active ulcerative colitis: A double-blind, placebo-controlled, crossover study. Am J Gastroenterol 1992;87(4):432-7.

186. Hawthorne, A.B., Daneshmend, T.K., Hawley, C.J., Belluzzi, A., Everitt, S.J., et al. Treatment of ulcerative colitis with fish oil supplementation: A prospective 12-month randomized controlled trial. Gut 1992; 33:922-28.

187. Lorenz-Meyer, H., Bauer, P., Nicolay, C., et al. Omega-3 fatty acids and low cabohydrate diet for maintenance of remission in Crohn's disease. A randomized controlled multicenter trial. Study Group Members (German Crohn's Disease Study Group). Scand J Gastroenterol 1996;31(8):778-85.

188. Loeschke, K., Ueberschaer, B., Pietsch, A., et al. n-3 fatty acids only delay early relapse of ulcerative colitis in remission. Dig Dis Sci 1996;41(10):2087-94.

189. Kushi, L.H., Lenart, E.B., Willett, W.C. Health implications of Mediterranean diets in light of contemporary knowledge. 1. Plant foods and dairy products. Am J Clin Nutr 1995;61(suppl. 6):1407s-1415s.

190. Kushi, L., Lenart, E., Willett, W. Health implications of Mediterranean diets in light of contemporary knowledge. 2. Meat, wine, fats, and oil. Am J Clin Nutr 1995;61(suppl.):1416s-27s.

191. Kromhout, D., Bloemberg, B.P., Feskens, E.J., Hertog, M.G., Menotti, A., Blackburn, H. Alcohol, fish, fibre and antioxidant vitamins intake do not explain population differences in coronary heart disease mortality. Int J Epidemiol 1996;25(4):753-9.

192. Kaizer L, Boyd NF, Kriukov V, Tritchler D. Fish consumption and breast cancer risk: an ecological study. Nutr Cancer 1989;12(1):61-8.

193. Caygill, C.P., Hill, M.J. Fish, n-3 fatty acids and human colorectal and breast cancer mortality. Eur J Cancer Prev 1995;4(4):329-32.

194. Caygill, C.P., Charlett, A., Hill, M.J. Fat, fish, fish oil and cancer. Br J Cancer 1996;74(1):159-64.

195. Fernandez, E., Chatenoud, L., La Vecchia, C., Negri, E., Franceschi, S. Fish consumption and cancer risk. Am J Clin Nutr 1999;70(1):85-90.

196. Toniolo, P., Riboli, E., Shore, R.E., Pasternack, B.S. Consumption of meat, animal products, protein, and fat and risk of breast cancer: a prospective cohort study in New York. Epidemiology 1994;5(4):391-7.

197. Vatten, L.J., Solvoll, K., Loken, E.B. Frequency of meat and fish intake and risk of breast cancer in a prospective study of 14,500 Norwegian women. Int J Cancer 1990;46(1):12-5.

198. Maillard, V., Bougnoux, P., Ferrari, P., et al. N-3 and N-6 fatty acids in breast adipose tissue and relative risk of breast cancer in a case-control study in Tours, France. Int J Cancer 2002;98(1):78-83.

199. Norrish, A.E., Skeaff, C.M., Arribas, G.L., Sharpe, S.J., Jackson, R.T. Prostate cancer risk and consumption of fish oils: a dietary biomarker-based case-control study. Br J Cancer 1999;81(7):1238-42.

200. Terry, P., Lichtenstein, P., Feychting, M., Ahlbom, A., Wolk ,A. Fatty fish consumption and risk of prostate cancer. Lancet 2001;357(9270):1764-6.

201. Deglise, F. Noyer le poisson. Protégez-vous. Février 2002:27-29.

202. US Department of Agriculture. Food Composition. US Department of Agriculture, Agricultural Research Service. http://www.nal.usda.gov/fnic/cgi bin/nut_search.pl, Access date, June 2002.

203. Santé et Bien-être social Canada. Recommandation sur la nutrition. Ottawa : Gouvernement du Canada. Ministre des Approvisionnements et Services Canada, 1990.

204. Holman, R.T. Foreword. In: Mostofsky, D.I., Yehuda, S. & Salem Jr., N. Fatty acids: Physiological and behavioral functions. Humana Press Ed, Totowa, NJ, 2001.

205. Hibbeln, J.R., Lands, W.E.M, Lamoreaux, E.T. Quantitative changes in the availability of fats in the US food supply. Final program and abstracts of the 5th congress of the International Society for Study of Fatty Acids and Lipids 2002, Montréal, May 7-11: 105.

206. Hepburn, F.N., Exler, J., Weihrauch, J.L. Provisional tables on the content of omega-3 fatty acids and other fat components of selected foods. J Am Diet Ass 1986;86(6):788-793.

207. American Academy of Pediatrics. Breastfeeding and the use of human milk. American Academy of Pediatrics. Work group on breastfeeding. Pediatrics 1997;100(6):1035-9.

208. Newman, J. How breast milk protects newborns. Sci Am 1995;273(6):76-9.

209. Blanchet, C., Dewailly, É. Contenu en nutriments des poissons de pêche sportive du lac Saint-Pierre (Campagne 1995) : Unité de recherche en santé publique, Centre de recherche du CHUQ, Pavillon du CHUL, 38 p. (Volume - Santé, Santé humaine - Phase II, Phase III), 2000.

210. Godin, G. L'éducation pour la santé : Les fondements psychosociaux de la définition des messages éducatifs. Sciences Sociales et Santé 1991;IX(67-94).

211. O'Neill, M., Cardinal, L. Les ambiguïtés québécoises dans le domaine de la promotion de la santé. Recherches sociographiques 1998;XXXIX(1):9-37.

212. Sprecher, H. An update on the pathways of polyunsatureated fatty acid metabo lism. Curr Opin Nutr Metab Care 1999;2(2):135-8.

213. Lands, W.E. Biochemistry and physiology of n-3 fatty acids. Faseb J 1992;6(8):2530-6.

214. Lands, W.E, Libelt, B., Morris, A., et al. Maintenance of lower proportions of (n-6) eicosanoid precursors in phospolopids of human plasma in response to added dietary (n-3) fatty acids. Biochim Biophys Acta 1992;1180(2):147-62.

215. Blanchet, C., Dewailly, É. Résultats des analyses nutritionnelles effectuées en laboratoire dans le cadre du projet de recherche intitulé : Le guide alimentaire du Saint-Laurent : un guide sur le potentiel alimentaire des ressources aquatiques du Saint-Laurent. Unité de recherche en santé publique, Centre de recherche du CHUL-CHUQ, Sainte-Foy, ISBN 2-89496-234-7, 2003.

L'apothicaire d'hier à aujourd'hui

Blanchet, C., Dewailly, É. *Contenu en nutriments des poissons de pêche sportive du lac Saint-Pierre* (Campagne 1995): Unité de recherche en santé publique, Centre de recherche du CHUQ, Pavillon du CHUL, 38 p. (Volume–Santé, Santé humaine–Phase II, Phase III), 2000.

Blanchet, C., Dewailly, É., Ayotte, P., Bruneau, S., Receveur, O., Holub, B. Contribution of selected traditional and market foods to the diet of Nunavik Inuit women. Can J Diet Prac Res 2000;61:50-9.

Dionne, J.Y. *Les huiles de poisson*. Québec Pharmacie. 48(6); Juin 2001:476-479.

Encyclopédie visuelle des aliments. Les éditions Québec Amérique. Montréal. 1996. 688 p.

Eritsland, J. Safety considerations of polyunsaturated fatty acids. Am J Clin Nutr 2000;71(suppl. 1):197s-201s.

Food and Drug Administration, HHS. Substances affirmed as generally recognized as safe: Menhaden oil. Federal Register 30751-30757. 6-5-1997: FDA, 1997.

Hepburn, F.N., Exler, J., Weihrauch, J.L. Provisional tables on the content of omega-3 fatty acids and other fat components of selected foods. J Am Diet Ass 1986;86(6):788-793.

Lands, W.E., Libelt, B., Morris, A., et al. Maintenance of lower proportions of (n - 6) eicosanoid precursors in phospholipids of human plasma in response to added dietary (n - 3) fatty acids. Biochim Biophys Acta 1992;1180(2):147-62.

Lands, W.E. Stories about acyl chains. Biochim Biophys Acta 2000;1483(1):1-14.

Lands, W.E. Biochemistry and physiology of n-3 fatty acids. Faseb J 1992;6(8):2530-6.

Nordoy, A., Dyerberg, J. n-3 fatty acids in health and disease. Introduction. J Intern Med Suppl 1989;225(731):1-3.

Simopoulos, A.P. Part I. Basic Mechanisms, Chapter 1. Evolutionary aspects of diet: Essential fatty acids. In: Mostofsky, D.I., Yehuda, S. & Salem Jr., N. Fatty Acids: Physiological and Behavioral Functions. Humana Press Ed., Totowa, NJ, 2001: 3-22.

US Department of Agriculture. Food Composition. US Department of Agriculture, Agricultural Research Service. http://www.nal.usda.gov/fnic/cgi-bin/nut_search.pl, Access date, June 2002.

Table des matières

Les salades

Les plats principaux

Bibliographie

Remerciements

Remerciements

Merci à tous d'avoir eu confiance en moi et un merci très spécial à Madame Hélène Baribeau pour son travail de très grande qualité, à la collaboration du Gîte du Mont-Albert et à son chef, Monsieur Yvano Tremblay, à Messieurs Steve Lévesque et Yannick Ouellet. Bravo à Madame Dany Gasse pour sa grande implication, sa motivation et sa complicité avec Monsieur Jacques Morin. Sans oublier ceux qui ont aidé aux séances de photos, autant à la cuisine qu'aux accessoires. Grâce à vous tous nous avons des recettes immortalisées que nous aurons plaisir à découvrir et à déguster. Merci à mon bon ami, Monsieur Raymond Parent, pour ses suggestions de vins, le complément idéal pour des moments privilégiés.

Merci aux commanditaires qui participent à ce beau projet. Ensemble, nous avons un objectif commun : celui d'aider les Québécois et les Québécoises en mettant notre passion au service des autres pour une meilleure santé. Et que dire de l'équipe d'Audace Design. Du début à la fin, il fut agréable et réconfortant de travailler ensemble. Une expérience fort enrichissante pour nous tous. Je m'en voudrais de ne pas souligner l'appui de toute l'équipe de ma pharmacie qui a entendu parler de poisson depuis plus d'un an. Bravo à tous et à toutes pour votre implication !

Je tiens à témoigner toute ma reconnaissance envers le Dr Dewailly pour son appui dans ce projet. Merci à Monsieur Michel Lucas pour son aide précieuse. Grâce à votre travail de vulgarisation, ce livre sera un outil de référence hors pair qui aidera petits et grands à **vivre mieux, plus vieux et en meilleure santé**.

Je dédie mes nombreuses heures de travail à vous trois, André, Alexandra et Isa-Marie. Je vous aime, mes amours, mes passions. Merci à Lucille et à J. François de m'avoir fait naître dans ce beau coin de pays qu'est la Haute-Gaspésie où grandissent vos enfants et petits enfants. Merci à toi, grand-maman Estelle, tu as été ma lumière au bout du tunnel tout au long de ce beau rêve.

Félicitations à tous ! Grâce à vous, j'aurai été entourée d'une équipe de grands capitaines ! Je vous aime.

Avec tout mon cœur et ma passion.

Viandes et substituts

Fruits et légumes

LES 5 GROUPES ESSENTIELS À LA SANTÉ

Produits céréaliers

Produits laitiers

Et de bons conseils

APOTEX INC.

SOCIÉTÉ PHARMACEUTIQUE ENTIÈREMENT CANADIENNE

EN COLLABORATION AVEC:

LINSON PHARMA

LE CHOIX DU PROFESSIONNEL

novopharm® québec

pharma science

CRÉER LA DIFFÉRENCE

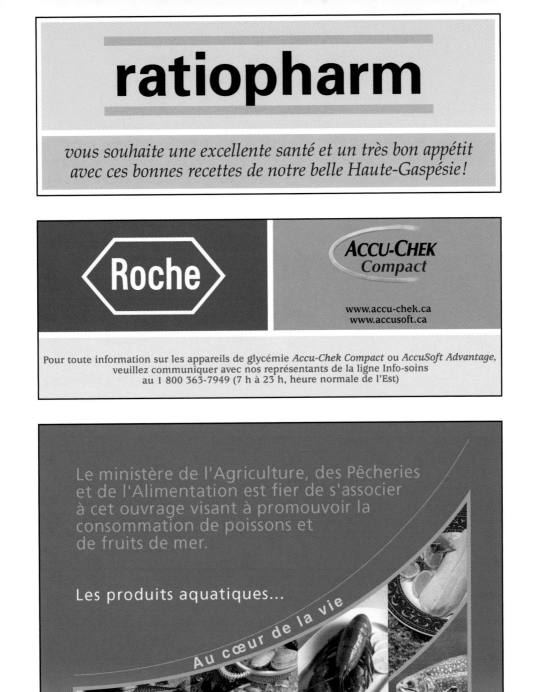